初心者は
知っておきたい！

賃貸併用住宅
地方・社会貢献アパート
5億円の相続対策アパート

目黒・世田谷の立地
ガレージハウス型（賃貸併用住宅）
小規模旅館（宿泊業）

“6つ”の新築アパート投資術

大家系 不動産コンサルタント
白岩 貢

はじめに

皆さんは、新築アパートとのお付き合いをどのくらいの期間で考えていますか?

ローンを完済するまでの期間、建て直しをするまでの期間、売却するまでの期間・・・それぞれの思惑があるかと思います。

私はというと、大家生活を20年以上続け、現在60室を運営しています。父の代に建てた木造アパートは気が付けば築50年を超えました。このアパートは絶えず満室で稼働してくれています。

つまり、上手に付き合っていけば、賃貸としてのアパートの寿命は想像以上に長いのです。

始まったときは気が遠くなりそうだったローン返済も時間が解決してくれます。最近では、2003年に私が初めて新築した、神奈川県川崎市にある吹き抜けアパートのローンを完済しました。

居住性のよい競争力のあるアパートを追求した結果、築20年経った今でも近隣の中古物件より高い家賃で満室が続いています。

結局のところ、それが答えだと思います。

さて、本書は私にとって20作目の著書となります。アパート作りと共に、その時代ごとの正解を書き綴ってきた、もうひとつの私の歴史です。

思い返せば2006年に『アパート投資の王道』（ダイヤモンド社）をきっかけに、数多くの本を執筆させていただける機会に恵まれました。

処女作でのテーマは、それまでに業界の発想にはなかった、地主ではなくサラリーマン向けの新築アパートの内容でした。

東京23区、それも「目黒区・世田谷区の好立地に限定して新築アパートを建てる」というコンセプトで、構造や間取りまで踏み込んだ提案をして実行に移したのは、一大家としては画期的なことでした。

それが、今でも現役で高稼働を続ける吹き抜けアパートです。

その後、郊外型のアパートをいくつか生み出しました。これも、それまでにはない新しいものをプランニングしています。

こうして、吹き抜けアパート、郊外型アパート、ガレージハウス、旅館アパートなど、時代に合わせたアイデアで、魅力あるアパートを造り続けてきました。

その数は、2023年時点で400棟を超えています。


本書のタイトルは「初心者は知っておきたい！〝6つの新築アパート投資術〟」ですが、読者の皆さんに本当に知ってもらいたいのは、不動産投資のノウハウだけでなく、本質を見極めること。

私たち大家は「利回り○％」「フルローン」「借金○億円」といった表面的な数字に囚われず、いつの時代でも入居者が選ばれる、住み心地の良いアパートを提供するべきです。


そのためには、どんなアパートを建てればいいのか。

その答えが本書にあります。

具体的にいえば、私がオススメする【新築アパート投資　6つの手法】です。

詳しくは本文に譲りますが、その6つの手法について概要をご紹介しましょう。

1つ目は、20年間高稼働を続ける【吹き抜けアパート】です。私が初めて企画したアパートで、これまでなかったアパートということで、そのノウハウはいち早く書籍化されています。

何棟も造り上げるうちにブラッシュアップされて、その魅力は色褪せるどころか、今でも高い家賃で入居が決まります。

2つ目は東京にこだわらず、日本全国で再現できる【ガレージハウス】です。車社会で強みを持つため、駅ではなく道を主体にニーズを集めています。なんといっても、土地値を低く抑えることができるので、サラリーマン大家さんでも取り組むことができます。

3つ目は、安定稼働が望める、生活保護者向け【社会貢献アパート】です。2階建て4室というシンプルなアパートですが、生活保護者にとって魅力的であるよう注力しています。

4つ目は、物件の半分以上をマイホームにすることで、残りをアパートとして貸し出せる【賃貸併用住宅】です。

この場合、都心であれば吹き抜けアパート併用、地方であればガレージハウス併用にして、賃貸物件としての競争力もあるマイホームを持つことができます。

ここでポイントは、マイホームなので住宅ローンが使えること。

住宅ローンは低金利ですから、ローン返済を家賃収入で返すことにより、かなり安くマイホームを手に入れられるのです。

5つ目は、インバウンド需要で大きく稼ぐ【小規模旅館】です。アフターコロナでは絶好調の旅館業ですが、ハイリスク・ハイリターンの側面もあるため、事業者さんや地主さんといったまとまった資金を持つ方に向いた投資です。

最後は【相続】です。相続は個別性が高く不動産投資でも「この手法が合う」と断言できるものではありません。

しかし、相続税対策と不動産の相性は非常に良く、やり方さえ間違えなければ、その効果は非常に高いです。その反面、うまく対策ができず利益を減らしている人、むしろ作らなくていい借金を重ねている人も見受けられます。

相続税対策はとにかく早めが基本なので、心当たりある人には本書の相続の章をぜひお読みいただきたいです。

いかがでしょうか。記念すべき20作目の書籍ですので、20年の経験をノウハウとして詰め込みました。そのすべてが現在でも再現できる内容です。

これから新築アパートを建てる、全ての方に読んでもらいたい本となりました。

本書があなたの不動産投資の一助になれば、著者として望外の喜びです。

白岩　貢

◆目次◆

第6章 賃貸併用住宅 ガレージハウス型／吹き抜け型

第7章 小規模旅館

【新築のプロ&二人の建築・設計のプロ対談】
〔後編〕詐欺・欠陥・・・
オーナーが被害に遭わないための自衛手段とは？

第8章 相続税対策での新築商業ビル

第1章
新築不動産投資の落とし穴

儲からない新築アパートを買って後悔

新築不動産投資の落とし穴にハマって困っている人が続出しています。

先日、懇意にしているオーナーさんから「友人の相談に乗ってあげて欲しい」と、山田さん（仮名）を紹介いただきました。

山田さんは東京都にお住いの40代サラリーマンで、一昨年からたて続けに大手アパートメーカーから、愛知県と宮城県で新築アパートを購入されたそうです。

2棟合わせて1億8000万円と安くはない金額ですが、「頭金ゼロのフルローン」という売り文句にひかれて購入を決意されました。

手付金10万円さえ払えば新築アパートが手に入るということで、不労所得を夢見て喜んで購入したものの、今となっては後悔しかないそうです。

融資期間は35年で、サブリース契約（一棟借上げ）を結んでおり、シミュレーションでは年間100万円近くのキャッシュフローがあります。

しかし、その中から毎年の固定資産税や空室が出た際の原状回復工事費用、入居募集のための広告宣伝費を支払わなければなりません。

サブリース契約が続いていればなんとか黒字になりますが、サブリース契約は2年間毎の見直しがあります。

その結果、借上げ家賃が下落したら、もしくはサブリース契約が解除されたらどうなってしまうのでしょうか。

冷静になって判断すると、赤字経営に陥ってしまう未来しか描けず、困り果てていらっしゃいました。

山田さん曰く、「大手アパートメーカーの担当営業マンは、とても誠実でいい人でした」とのことですが、赤字になる可能性が非常に高い新築アパートを売っておいて、いいも悪いもありません。

不動産会社や建築に携わる工務店、オーナーの利益は相反しているもの。一方は「儲けたい」、一方は「とにかく売上をあげたい」とニーズが異なるのです。不動産会社や工務店の営業マンは、お客さまのほうを向いているように見えても、実際に向いている相手は上司や営業成績だったりするものです。そこを見極めるのが肝要です。

人柄がいいから・・・という理由で選んではいけません。

そもそも手付金は5％程度が相場です。1億円であれば500万円となります。ところが、投資セミナーを受けて、「1棟につき10万円だけ支払えば大丈夫です」と聞いて、「それなら払える！」と、支払ってしまいます。

これが「手付金は500万円です」といわれたら、一度立ち止まって「これだけの金額を出してもいいのだろうか」としっかり考えるのではないでしょうか。

タダ同然の手付金に、頭金はこの金融機関、残りはこの金融機関と借金を組み合わせて買えてしまう不動産に、「良い物件」はありません。

絶対に損をするとは言い切れないものの、その多くは落とし穴ですので要注意です。

不動産の知識がない初心者であるほど、「そこまでのひどい騙しに遭うわけがない」と思い込んでいるのでしょう。

たとえ手付金として支払う金額が20万円だけだとしても、借りている金額は１億８０００万円でローン期間が35年なのですから、先々のことまで想像しなければなりません。

少ない自己資金で物件が購入できるのは魅力的かもしれませんが、それだけを理由に踏み出すべきではありません。

買うときは気楽でも、後になって取り返しがつかなくなる可能性は大いにあります。

間違えてはいけない立地選び

物件を建てる場所もまた大切です。

地主さんはよく先代から引き継いだ土地にアパートを建てます。それが継いだ土地の有効利用になり、節税対策になると思い込んでいるのは大きな勘違いです。大事なことは、その土地に賃貸ニーズがあるのか。そこに住む人がいないのに、いくら立派な建物を造っても意味がありません。

また、企業城下町や学生に頼りきるような大学の近場は、今は良くても後に企業や大学の移転で人口が激減するかもしれません。

このように将来、賃貸ニーズが不安定になりそうな場所や、そもそも賃貸ニーズの弱い場所に物件を持つのであれば、圧倒的な物件力があるものにしなければいけません。

賃貸ニーズも物件の特性も、1つではなく複数見るようにしましょう。

買ってはいけない悪質なアパートメーカー

さて、新築トラブルとしてよくあるのは、悪質なアパートメーカー・工務店関連の物件です。

誰もが名前を知っている大手メーカーから地元の小規模工務店までたくさんある工務店の中には、絶対に依頼してはいけない会社もありますが、意外と皆さん区別がついていません。

ここからは買ってはいけない悪質なアパートメーカーについて、具体例を紹介しましょう。

●融資の上限で金額設定する大手ハウスメーカー

テレビで宣伝して住宅展示場をたくさん作っているような有名ハウスメーカーは、品質がいいと言われてはいるものの高額なのが難点です。

私はこれまでアパートでもマンションでも、ハウスメーカーについてはさまざまな事例を見てきました。

私の元へ訪ねてきた相談者の貞松さん（仮名）は、ハウスメーカー各社からの見積もりを複数お持ちでした。

都内の大手メーカーに勤める貞松さんのご実家は、埼玉県さいたま市の郊外に土地を持つ地主さんで、親の所有する土地にアパートを建てたいと考え、いくつかのハウスメーカーに見積もりを依頼したそうです。

すると、その土地にファミリータイプ、ワンルーム混合型などタイプのまったく異なるアパートを建てる想定であっても、建築費の上限がなぜかぴったり一緒でした。

似たような建物ではないのに、上限が2億5000万円と図ったようにほぼ各社とも同じ数字なのです。

メーカーが違っても、プランが違っても、価格は面白いように同じという不思議な現象が起きていました。

おそらく貞松さんのサラリーマン属性と、その土地の担保力から銀行で借りられる額の上限を割り出し、見積もりを作っているのでしょう。

要は「価格ありき」の見積もりです。本来であれば「しっかりと入居がついて利益が出る」というのが大前提であるべきです。

そうしたもっとも大切なことを後回しにして、とにかく自社の利益を追求するハウスメーカーは少なくありません。

しかし、「誰もが知っている大手ブランドだから」と、盲目的に信頼してしまう人がほとんどです。どこに依頼するかは自由ですが、このような対応には考えさせられます。

貞松さんは幸いにも「まったく別のメーカーでまったく別のプランなのに、見積もり金額は一緒」という疑問から、真実に気が付くことができたのです。

●あり得ない収支計画のアパートメーカー

もう一つ、その土地に全く合っていないプランを提案されて不信感を覚えた事例をご紹介します。

早川さん（仮名）は神奈川県に土地をお持ちで、相続税対策のためにアパートを新築しようとしていました。

とあるガレージハウスのメーカーに図面を作ってもらったところ、不自然に土地が余るようなプランになっています。

どうやら土地の面積や形に対してプランニングしたのではなく、既存のプランをその土地に乗せただけで、早川さんの所有する土地の形状などは考慮せずに作っていることが判明しました。

また単価が坪50万円で手ごろだと思ったら、実は平米50万円と驚くほど高かったのです。

そこには地盤改良や外構工事、水道の引き込み料金は一切入っていませんでした。「トータルすると一体いくらになるのだろう・・・」と不安になるような金額です。

他にも競争力のある物件ということで、ガレージオフィスとトランクルームが同じ敷地にある物件を紹介されていましたが、とにかく工事費用が高く、相続税対策にはなっても経営的に問題のあるプランでした。

トランクルームだけで８５００万円ほどかかり、くわえて管理費が10％発生します。

さらに本来なら10〜15年程度で行う大規模修繕を、5年ごとに１５０万円ほどかけて行う計画になっています。20年間で3回もやることになっていました。

相談に来られた早川さんに、私が現在手掛けている他の物件の価格を見せたところ、ビックリされていました。

なぜなら私の手掛けている工事費用が2分の1程度だったからです。

賃料設定を高くし、利回りが高いように見せていましたが、その地域の実情に全く合っていませんでした。

この早川さんのケースは、誰もがその名を知るようなトップクラスのハウスメーカーではなく中堅メーカーです。トップメーカーでなくても、こういった高額見積もりを出すところもあるので注意が必要です。

とにかく高い見積もりは、「お金があるところからは根こそぎ取ってやろう」といった感覚なのかもしれません。

こちらのガレージハウスとトランクルームの早川さんの事例は、某メガバンクから紹介された業者で、危うく早川さんは「大手銀行の紹介だから」と信じてしまうところでした。

いくらメガバンクとはいえ不動産経営には門外漢で、もっともらしいシミュレーションを鵜呑みにしていることがよくわかりました。

●町場の工務店は当たり外れが大きい

その他、あえて大手を避けて、町場の工務店という選択肢もあります。長らく地元密着で経営している工務店は良心的なイメージがあります。事実、信頼できる工務店も多いです。

しかし、当たり外れが大きいのが現実です。家族経営の工務店もあれば、それなりに社員数のいる工務店の場合もありますし、二代目の若社長なのか職人気質の年老いた社長なのかでも変わってきます。

若くて頼りになるかといえば、経験が浅い場合もあります。逆に引退間近のような年齢の社長が熟練した職人をしっかり率いているケースもありますから、それは外から見ただけではわかりません。

また職人中心の現場にありがちなのが、しっかりと現場の管理をしないと注文した通りに建たないということです。

管理者がいれば必ず大丈夫というわけではありませんが、町場の工務店の場合は腕の良し悪しだけでなく、どのような管理が行われているかも重要です。

この点に関しては、設計士に設計監理を依頼することで改善されます。

新築アパート投資、最大のリスクは倒産

続いては、新築アパート投資の中でも最大のリスクをお伝えします。

皆さんは新築のリスクと聞いて何を思い浮かべますか?

工期通りに建物が完成せず繁忙期を逃してしまう。または、予定よりも工事費用がかさんでしまった。

そんなリスクもありますが、もっとも大きなリスクは工務店の倒産です。

どれだけ素晴らしい建物でも、どれだけの高利回りであっても、メーカーや工

務店に倒産されてしまったら終わりです。

今年のはじめに、サラリーマン不動産投資家向けのRC造マンションをたくさん建てていたユービーエムという会社が倒産しました。

この5年程度で急成長を遂げていた会社ですが、その裏で何があったのかといえば、原価に近い受注で売上ばかりが膨らみ、利益はほとんど残っていなかったようです。

そもそも建築業は外注への支払いが多く、資金繰りがうまくいかなければ、すぐにショートしてしまいます。

投資家とは利益相反しますが、建築業は単価が高いからこそ回していけるものなのです。

仕事が欲しいからと赤字の案件を取って動かすようなことをしていると、いつかは倒産します。

つまり不当に工事費が低い工務店は、間違いなく高リスクです。

工事が途中で止まると大変な事態になる

万が一、自分の物件の工事中に倒産したら最悪です。

工務店が倒産すれば工事がストップします。下請け業者との個別の交渉が必要になり、とても建築の素人が手に負える事態ではなく、発注者であるサラリーマン投資家は対応に苦慮していると聞きます。

私自身、施工が途中で止まり、大変な事態になった現場に関わったことがあります。

下請け業者も仕入れや工事をしたにもかかわらず、代金を支払ってもらえないのだから、たまったものではありません。

支払いが滞っている下請け業者の中には、現場にあるものを持って帰ろうとする会社もいるでしょう。

オーナーの立場としては「うちの建材を持って帰らないでくれ！」と思うでしょうが、所有権が移転していないためオーナーのものでもありません。

管財人がいますので本来は持ち帰るのは違法ですが、みなさん生活がかかっていますからやむを得ない場合もあるのです。

ただ、少しでも建築費用を払っているのであれば、裁判を通じて権利を要求することはできるでしょう。

いずれにせよ、現場の作業は工務店ではなく下請けがやっているので、工務店が破綻すると、施主はどんな作業がどのような進捗なのか、それをどの業者が対応しているかといった状況が全く分からなくなります。

こうしたケースでは、破綻した工務店の社長と連絡が繋がればまだ幸いでしょう。

仮設トイレがどこのリースなのか、足場はどこの物なのか、延長料金を払う必要があるのかなど確認することができます。

状況把握の後にするのは交渉です。

どこまでが工務店との契約なのか線引きし、その後は施主と直接契約に変えて工事を進めてもらいます。下請け業者も中途半端な工事で代金を貰い損ねているケースがほとんどですから、交渉の余地はあります。

たとえば倒産した工務店に支払ったのが着工金だけであれば、まだ良いと思われます。

すでに工事費を支払っていたら、施主からすると二重に支払うことになりますが、そこは運の要素もあります。

いずれにしても新規の業者を探すよりは、現在着手している業者に継続してもらえるほうがスムーズです。

私が救済に関わったケースでは問題がたくさん出てきたので全部調べましたが、社長に電話したら繋がり、なんとか工事進捗の確認ができて現場監督に対応をお願いすることができました。

大きな会社だから安心というわけではない

どうすればこのような事態を防げたのでしょうか。

たとえ決算書を見ることができて、順調に経営していると判断できたとしても粉飾されていたら終わりですし、結局のところはわかりません。

とはいえ、そもそも破綻リスクはＲＣ造と木造では全く違います。ＲＣ造と木造で同じように工務店が破綻した場合、どちらも大変なのは同じですが、木造のほうが圧倒的にリカバリーしやすいです。

ホームページに豊富な施工実績があり、おしゃれで好印象だったとしても、実際に行ってみるとすごく小さな会社で驚くこともあるかもしれませんが、小さな会社の場合は生き残れる可能性が一定割合あります。

社長1人で自宅を事務所にしていれば家賃が不要ですし、営業マンもいないので、経費がかからず意外と経営が盤石なのです。

むしろ危ないのは派手な広告を打っていたり、人をたくさん雇っていたり、固定費がかかっている工務店でしょう。

少人数でも建物はできる

経営危機に瀕している工務店であっても、外から見ただけでは内情がわかりにくいものです。

すごく忙しそうだからと安心するのは間違いです。建築業界は過当競争ですので、前述のユービーエムのように、安請け合いしている場合もよくあります。

このように工務店の経営状態はなかなか見分けられないので、一番いいのは社員が1人や2人でお金がかかっていない、潰れる要素のない地味なところだと思います。

「そんな少人数で安心安全な建物を造れるのか」と心配になる方もいらっしゃるかもしれませんが、そこはご安心ください。最新の建築は、プラモデルと同じです。昔、工務店である私の実家では作業場を置き、木を乾燥させてから墨付けをして刻むという工程がありましたが、今はそういった作業は要りません。

今や建具はすべて既製品ですし、木材は工場でプレカットされています。必要なものを現場に持ってきて組み立てたら終わりです。

昔はお風呂も大工さんが造っていましたが、１９６４年に開催された東京オリンピックにあわせてホテルニューオータニが建設された際、日本初のユニットバスが誕生して時代が変わりました。

当時、１０００室を超えるホテル建設には3年かかると言われていましたが、設計施工を担当する大成建設は、ＴＯＴＯに浴室工事の短工期化と浴室の軽量化のため、浴室のプレハブ化（あらかじめ工場で生産加工して、建築現場では組立てのみで完成する建築工法）を依頼。TOTOは日本初のユニットバスを開発しました。結果、わずか1年4ヶ月で竣工したと言われています。

ユニットバスをはじめ、木材のプレカット技術も進み、かつて熟練の職人でなければつくれなかった建物が簡単に造れるようになったのです。

このように木造の施工は少人数でもきちんとできますので、工務店は規模だけで判断すべきではありません。

コンサルはリスクヘッジの観点で有用

とにかく建築のプロでもない限り、工務店に飛ばれると、どの業者がどんな施工をしているか分からないので、本当に困った事態に陥ります。

可能であれば、リスクヘッジするためにコンサルタントを入れましょう。別に私でなくてもかまいません。

そういったトラブル案件の相談は正直言って難易度が高く、解決するのが大変ではありますが、どうすべきかを考えるのはコンサルタントの力量や誠実さなのだと思います。

私の知人がアパート新築の際、工務店に倒産されたことがありました。施主である知人からはすでに工務店に数千万円の支払いをしていました。

工事費用を支払い済の場合、破産している人からは取り戻せないので、施主はまさに地獄です。

こんなときこそ知識のあるコンサルタントがいれば、事態の収拾ができるのですが、このケースでは対応できる人がおらず、工事現場は放置されることになってしまいました。

私のようなコンサルタントなら、もし工務店に飛ばれたとしても他案件も受注できるという理由で、別の工務店が引き継いで対応してくれる可能性が高いです。

これが一般の施主では、対応してもらうことは難しいです。

また引き継ぎを依頼する工務店には、これまでの工事の進捗を共有して、段取りをしなくてはいけません。そうなると、どのような工程でどのような職人が必要なのか、現場を把握するスキル、采配するスキルが必要です。

人柄がいいからという理由で選んではいけない

コンサルタントもピンからキリまでいます。

特に新築で依頼する場合のコンサルタントに必要なのは、建築知識だと思います。

以前、私の元に訪れた相談者の加藤さん（仮名）に、某コンサルタントから受け取ったという見積もりを見せてもらった時には思わず吹き出してしまいました。

60代の加藤さんは都内にある60坪ほどの自分の土地をコンサルタントに依頼し

たのですが、一覧表にあるのは積水、ミサワ、旭化成といった大手ハウスメーカーの見積もりだけなのです。

そのような仕事内容で堂々とコンサルタントを名乗っているで、非常に驚きました。ハウスメーカーに愛想を売っているだけなのです。

独立してコンサルタントを名乗っている方らしいですが、レベルの低さに呆れるばかり。

工務店の言いなりになっている人もいます。そんなコンサルタントから、勧められるままポンポンと買った人が大変な目に遭っているのも、知識がなさすぎることが一番の理由でしょう。

やはり自分自身で物件を持っている、経験値のあるコンサルティングが求められます。

中古物件を買うのは新築物件に比べて容易ですから、新築物件を土地の購入から取り組んで保有している人がお勧めです。

利回りだけを基準にして、オーナーチェンジの中古物件だけを購入するのは、安定的な資産形成とはちがいますし、購入して管理運営や入居募集をそのまま管理会社に任せている人ではスキルが上がりません。

自分で持っているとどういう入居者が入るのか、物件ごとの入居期間の傾向やトラブルなどの起こりやすい物件の特性、入居募集の仕方や管理運営についても分かるわけです。物件を持っていない人は、コンサルタントではなくただの評論家だと思います。

大切なのはどんな新築アパートを造るか

ここまで新築アパートの失敗やリスクについて紹介しましたが、本当に大切なことはどんな新築アパートを造るかということです。

少子高齢化の進む日本では毎年たくさんの人が亡くなり、賃貸需要が減ってい

空き家数及び空き家率の推移　全国（1958年～2018年）

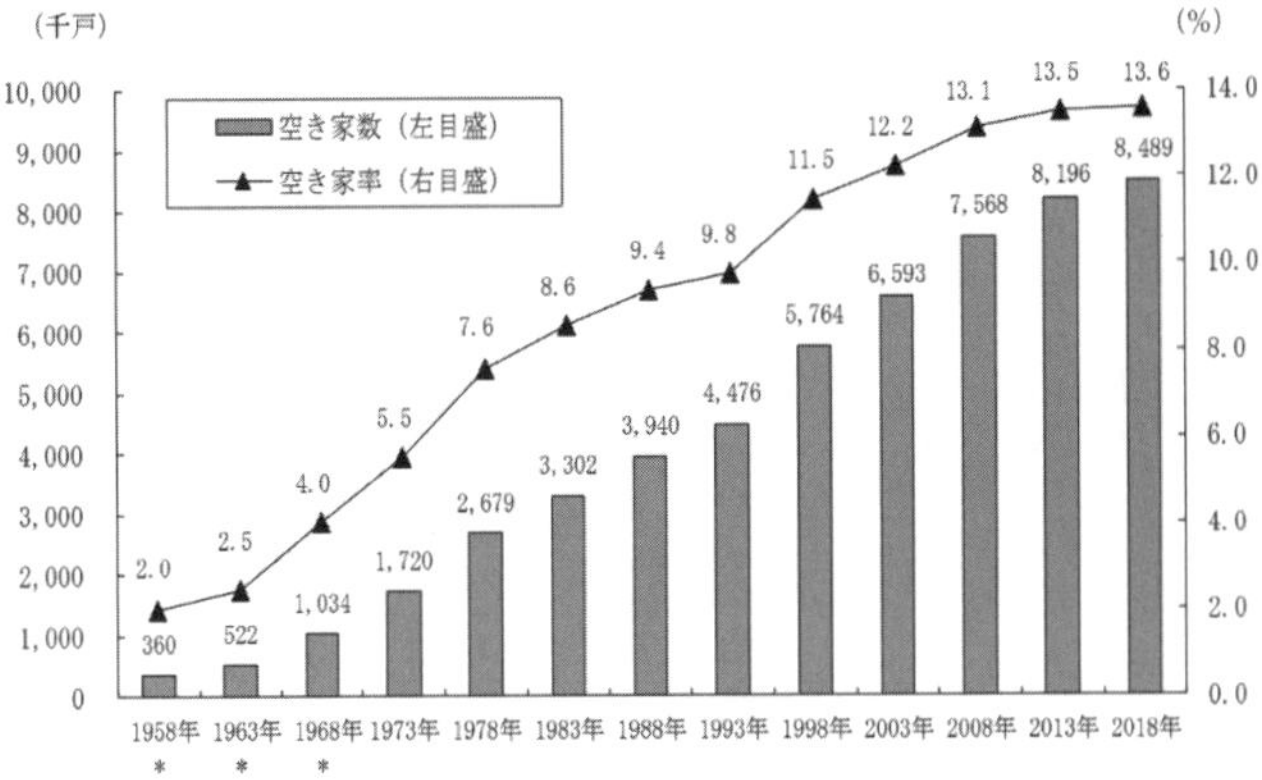

出典：「平成30年住宅・土地統計調査」総務省統計局
https://www.stat.go.jp/data/jyutaku/2018/pdf/kihon_gaiyou.pdf

ます。

２０１８年に発表された「平成30年住宅・土地統計調査」によれば、空き家数は約８４９万戸と過去最多を記録しました。

これは総務省統計局が5年毎に実施する調査ですが、１９８８年の調査では空き家の総数が３９４万戸、１９９３年では４４８万戸、１９９８年には５７６万戸、２００３年６５９万戸、２００８年７５７万戸、２０１３年で８２０万戸と推移しており、この20年で空き家の総数は、約1・5倍に増えています。

２０１３年に「８２０万戸の空き家」

がニュースで騒がれましたが、そこから5年の間で、空き家はどんどん増え続けているのです。

私は不動産投資のサポートをこれまで20年していますが、その間にも社会情勢は大きく変わっています。日本はこの30年間ほとんど給料が伸びていませんし、人口はどんどん減り出生率も減るばかりです。

厚生労働省が2023年6月2日に発表した「令和4年（2022）人口動態統計月報年計（概数）」によれば、出生数は77万747人で、前年81万1622人より4万875人減少し、出生率（人口千対）は6・3％で、前年の6・6％より低下しています。

また、合計特殊出生率は1・26％で前年の1・30％より低下しています。80万人割れは比較可能な1899年以降で初めてのことです。

出生数低下の理由としては出産期にあたる世代の減少にくわえて、新型コロナウイルス感染拡大の影響により将来の不安が増大して結婚や妊娠・出産をためら

出生数及び合計特殊出生率の年次推移

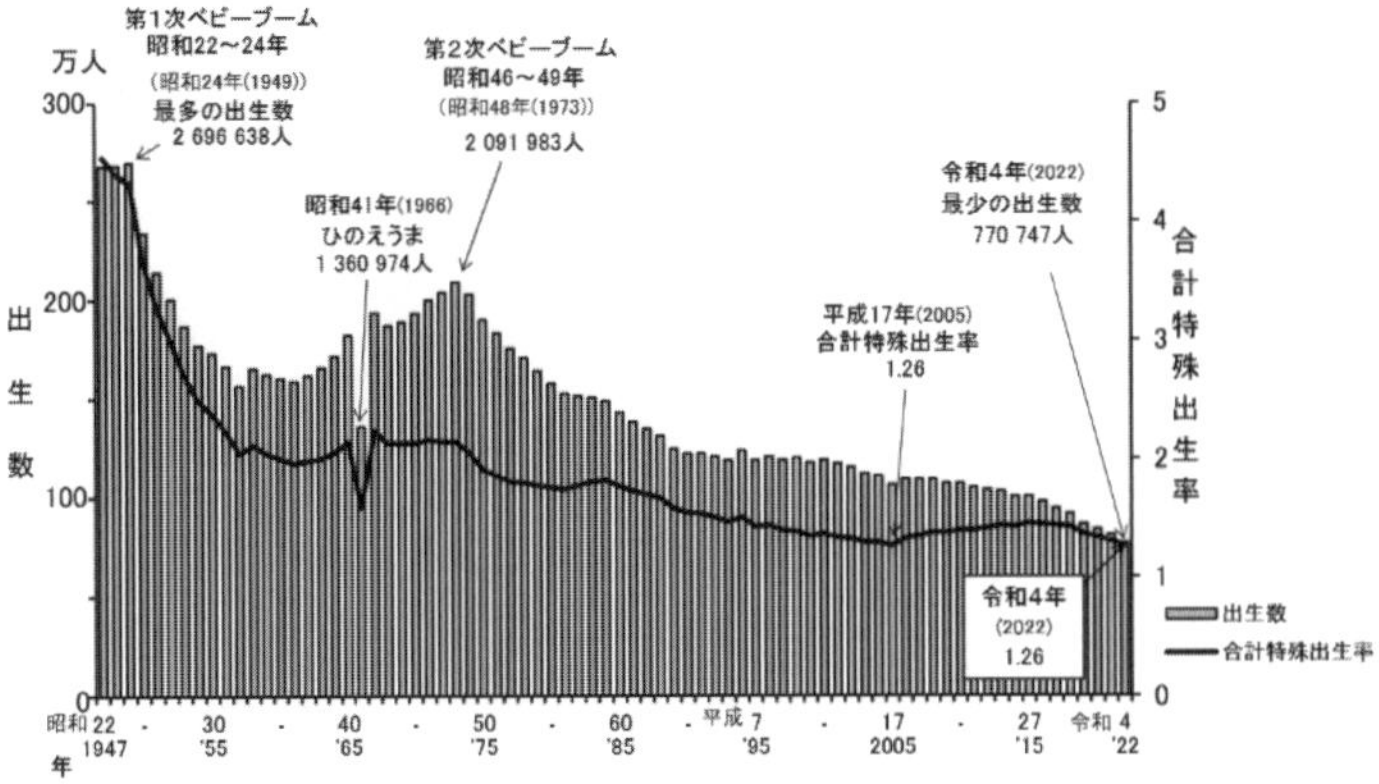

死亡数及び死亡率（人口千対）の年次推移

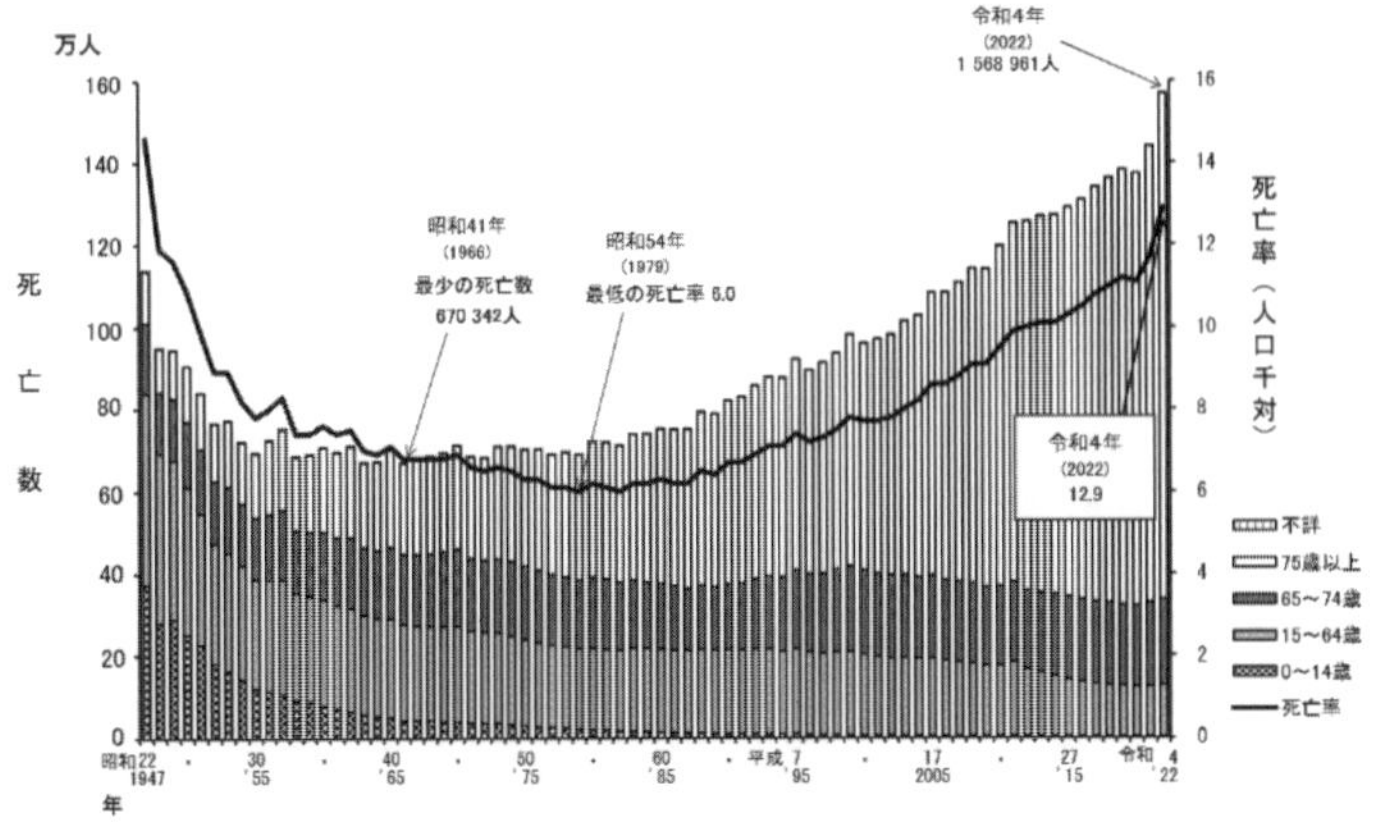

出典：「令和4年（2022）人口動態統計月報年計（概数）の概況」厚生労働省
https://www.mhlw.go.jp/toukei/saikin/hw/jinkou/geppo/nengai22/dl/gaikyouR4.pdf

う人が増えたからといわれています。

なお婚姻数は2019年には60万組を超えていましたが、2022年は50万4878組で、前年の50万1138組より3740組と多少増加したものの、婚姻率（人口千対）は4・1で、前年と同率にとどまります。

一方、死亡数は156万8961人で、前年の143万9856人より12万9105人増加し、死亡率（人口千対）は12・9％で、前年の11・7％より上昇しています。

80万人を切った子どもたちの大学進学率が50％だとしたら、18年後には大学生は40万人弱しかいないのです。

今後、賃貸物件を持つ場合は、どのようにして生き残れるものを作るかがとても大切です。

長きに渡り稼働して家賃を稼ぎ続けるためには「競争力のあるアパート」と「しっかりとした建築」について、徹底的にこだわるべきです。

物件の正解は人や土地ごとに異なる

物件の正解は人や土地ごとに異なるものです。

失敗を避けるためには、自分の状況やどんな将来を描いているのか、土地を所有しているのであれば、どんな地域なのかも含めしっかり検証すべきです。

理想的なのは、どの方法がベストかを提案できるコンサルタントがいることです。建築と入居と税金をトータルしてアドバイスできるといいのですが、個別の専門家に依頼すると、ただハウスメーカーに発注して銀行に融資を依頼するだけで終わってしまうでしょう。

それでは子どもにとって重荷になってしまいます。

私が相談を受けた人の中に、田代さん（仮名）という北海道函館市に広大な土地を持っているご年配の方がいました。とある建設会社で新築マンション3棟をつくったものの、経営がうまくいかず任意売却で手放したそうです。

結果、手元には資産がまったく残りませんでした。

先代から引き継いだ資産を全部失ったのにも関わらず、「借金が残らなくてよかった」と言っていたのは衝撃でした。


このように大地主さんが失敗するケースは少なくありません。未遂も含めるとたくさんあります。

東京郊外の農家の相田さん(仮名)は300坪の土地を持っていました。

建設会社に相談したところ、大学のそばということで、学生の需要を見込んで3億5000万円のRCマンションをつくるように勧められたそうです。

いくら地主さんとはいえ、3億5000万円も出すのは大変です。

くわえて、この地域では2~3月までに入居が決まらなければ、翌年の入試の季節まで空室が続くとのことです。

その方にはやめるように伝え、木造アパートを建てることになりました。その結果、税金を安全に圧縮できたようです。本当によかったです。

地方の物件が安いのには相応の理由がある

不動産投資においては、その歪みを利用して「銀行評価の高い物件を買おう」と語られることもありますが、私に言わせると銀行評価はただの評価でしかありません。

地方の物件は確かに安いですが、安いのには理由があります。地方は人口が減っているのです。厳密にいえば日本国内の人口が減っているのですが、その影響が顕著に表れているのが地方なのです。

国立社会保障・人口問題研究所が2023年4月に令和2年国勢調査の確定値

を出発点とする、新たな日本の将来推計人口の結果を公表しました。

2020年の日本の総人口、1億2615万人を基準とした場合、50年後の2070年には現在の約7割、つまり8700万人まで減少する見通しであることがわかりました。

このような状況下で、地方にアパートを作るのは非常にハイリスクです。人口減の状況を知ってはいても、都市部では安い物件がなかなか見つからず、投資家はどうしても安いところを追い求めてしまうのでしょう。

苦労することになるのは目に見えているのですから、地方で10世帯を超える物件を買うくらいなら、都内の2世帯、首都圏郊外の4世帯でもよいと考えるべきです。

先日も、「とにかくたくさん物件が欲しい」と中古アパートを買い集めていた方がいましたが、こんなに物件をたくさん持ったところで将来どうするのか、不安になるようなところばかりでした。

どうしても郊外や地方で買いたいなら、本書でお勧めするような競争力のある物件を新築すべきです。

不動産建築の知識というものは、売る側には膨大にある一方、買う側にはほとんどありません。前述したように建設会社が有利になるようにビジネスを進めてしまうことが多いのです。

買主さんが難しく感じて思考を停止してしまうのも分かりますが、基本的には「利益が相反する人には頼まないこと」、この点が大事です。

そのうえで、自分にとって正解のアパートを建てるようにしましょう。繰り返しになりますが、「正解が一つだけ」なんてことはありません。

次章からは、そのエリアに最適な競争力のある新築アパートをご紹介いたします。

【新築のプロ＆二人の建築・設計のプロ対談】

初心者は知っておきたい！新築アパート投資を成功させる「建築」「設計」のアイデアと知識

〔前編〕新築アパートで被害が急増しているワケ

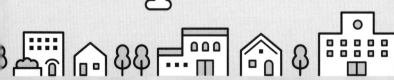

対談者プロフィール

【白岩 貢（しらいわ みつぐ）】

現役大家・不動産コンサルタント
著者。親の相続を受けてアパート経営に参入、現在60室の大家。2003年より約400棟の新築アパートをサポート。

【古仲 暁】

一級建築士　建築設計事務所勤務を経て2009年に一級建築士事務所設立
宅地の開発、造成、設計等など数多の手がけてきたキャリア30年のベテラン設計士。

【川影 弥生】

二級建築士・宅建士。白岩貢事務局スタッフ
元大手ゼネコンの都市開発企画室で活躍。自らも世田谷区にアパートを持つ大家さん。

●なぜ「新築」がいま流行っているのか

白岩　今日は、バリエーションは様々ですが、新築アパート一筋で400棟のコンサルを行ってきた私と二人の頼れる建築士さんで、いま新築投資の現場で何が起きているか？　をお話していきたいと思います。

古仲さんは空間を生かしたアパートに強い設計士として、長らくお世話になっています。この業界も長いですよね。

古仲　30年くらいでしょうか。白岩さんとも15年の付き合いになりますね。今はやっていませんが、宅地の開発・造成設計もしていました。

白岩　川影さんには、私の事務局のお手伝いもしていただいています。

川影　私は二級建築士で宅建の資格を持っており、自分でも世田谷にアパートを所有しています。それも白岩さんのおかげで買えたのですが。

もともと某大手ゼネコンで、都市開発の企画室にいました。駅前再開発でペデストリアンデッキを計画したり、それに付随する大規模マンションの設計をしたり、私立幼稚園のインテリアもやりました。

ゼネコンではいろんな仕事をしましたが、プレゼン資料作成をメインでやっていました。そのとき不動産セミナーで白岩さんと出会い、「仕事を手伝ってくれない？」とお声をかけていただきました。やはり15年前くらいですね。

白岩　設計士にもいろんな方がいらっしゃいますが、古仲さんみたいな柔軟な人は珍しいですよ。

川影　そもそも設計士は自己主張が激しいですからね。

古仲　本当に。その多くが自分が一番だと勘違いしています。

白岩　最近は中古物件の価格が上がってしまっているので、新築アパートを建てるのと差がありません。また新築のほうが中古よりも融資が受けやすいという事情もあり、新築アパートが注目を集めています。

川影　でも新築を建てるにしても、土地や資材が高くなっているはずですよね？

白岩　新築アパートなら築15年経ってもまだ新しいといわれています。これから修繕費がかかったり、家賃が下がったり

することを考えれば、建築費が高くても今から新築を買ったほうがいいという話です。

川影　言われてみればそうですね。

白岩　新築なら20年経っても築20年で売れますからね。ただ、新築アパートに人が集まってきた結果、失敗するケースも増えている現状があり、私のところにもいろんな相談が来ています。

●アパートメーカーでの失敗

白岩　本文でも事例を紹介していますが、大手メーカーなど異常に高いわりに、魅力のないプランが目立ちます。

川影 今の時代に競争力のないワンルームをつくったところで頭打ちになるのが既に見えていますね。

白岩 土地も建築費も高いから、利回りを出すためには必然的に部屋を割って増やすしかなく、空間の有効な使い方なんて考えてもいませんよ。

川影 そのような物件でもすぐに埋まるのですか?

白岩 埋まりません。すべて借り上げですが、2年ごとに契約を見直します。新築はまったくのゼロから始まるため、「サブリースでお客さんが付いていれば安心でしょう」とアピールする。ただし、その条件をよくよく見ると「2年間に1遍は見直しがあります」と。

さらに年数が経つと大規模修繕を迫られたり、サブリース家賃の値下げ交渉をされたりします。それが嫌ならサブリース契約の解除をチラつかされます。オーナーが失敗に気づくのは早くて2年後、もしくは4年以後です。

古仲　オーナーに家賃を下げさせたら営業マンにボーナスが出るらしいですね。

川影　サブリース契約は大家さんが望めば解除できるのですか？

白岩　一般的に、入居者のほうが立場は強く、大家さんの立場が弱いのが日本の法律です。この場合サブリース業者が入居者となり立場が強いのです。

サブリースを解除しても勝手に「出て行け！」とは言えません。下手をすれば、こちらの解除権はないケースが多いと思いますよ。例えば「家賃が安いから出て行け！」とも言えないし、逆に居てほしいのに出て行かれることもあるわけです。

それで困った人が私のところへ相談に来ています。買う直前に駆け込んで来た人もいましたが。

●大手アパートメーカーのニュースにもなった界壁問題

白岩　大手アパートメーカーの界壁問題はなぜ起こったのでしょうか。これはオーナーには分からないトラブルですよね。

古仲　界壁は壁内部のことなので完成後に確認することが困難です。

川影　天井まで界壁が作られていないことがバレて、それを直したのですか？

白岩　なにせ棟数が多いから、修繕が追いついていないようですよ。要するに建築基準法の違反です。

川影　建て直しをしなければいけない？

白岩　いや、界壁を直せばいいらしいけれど、屋根裏まで界壁が届かず天井までしか界壁がなかったんです。火事になっても隣まで火が回らないように、本来であれば界壁は屋根までつなげて作らなければいけないんです。あと、天井裏が隣とつながっている状態だから極端な話、隣室の覗きもできてしまいます。本当にコンプラ違反ですよ。

川影　それは違法建築状態なわけで、オーナーの立場はどうなるのですか？「そんな物件を貸してはダメ！」とお咎めはないのですか？

白岩　すでに人が住んでいる部屋はしょうがないです。なにしろ3万棟に住んでいる人を追い出すわけにもいかない。それに大工さんが不足しているから全然直していません。

古仲　でも法律が変わったんですよ。

白岩　もしかして、そのメーカーに合わせたのですか？

古仲　私はそうじゃないかと推測しています。界壁は天井裏まで持っていかなくてもいい仕様が追加されたんです。今までは各戸ごとに界壁をしなければいけなかったのですが、２０１９年からは天井を強化する構造方法であれば問題なくなりました。

白岩　それは知らなかった。本当に火事になったとき効果があるのですか？

古仲　国土交通省が告示で構造方法を法で定めています。更に音の問題も重要です。

白岩　火事ではないのですか？

古仲　はい。火事もあるのですが、やはり問題は隣の部屋の音、そして上階の音、共用廊下など外部からの音での住民トラブルは怖いです。

白岩　部屋の境に普通はグラスウール（断熱材・吸音材）を入れていますが、今私の企画するアパートは界壁に100ミリを1枚、屋根裏は100ミリを2枚にしています。

古仲　密度が高い、重い、グラスウールを入れるといいですね。

白岩　なるほど。工務店に任せていたら安くて軽いものを使われてしまいますからね。

川影　積み重なったら価格も大きくなるけれど、そういうところにケチるなってことですね。

白岩　入居者の住環境をより良くしてあげたいと願えばそうなるだけ。そこを怠ればあとで大問題になることがあるんですよ。

川影　白岩さんの考え方だと基準は満たすのは当然で、プラスαでより良くするってことですね。

白岩　そうです。それが巡り巡って自分たちのためになると考えます。

●なぜ、地盤が傾くのか？

白岩　最近、某ハウスメーカーで問題になった地盤が傾くような状況はどうして起きるのですか？　普通なら地盤調査して基礎を造ると問題ないですよね。

川影　プロの基礎屋さんが造っているわけですから。

白岩　昔はともかく今は10年保証が付きます。配筋の検査と建物、上棟した金具を必ず第三者機関が見に来ますから、不正が起こりにくいはずです。

川影　むしろ欠陥は起こりにくいのですね？

古仲　ギリギリのときがあるんですよ。「表層だけ改良すればＯＫですよ」というのはもう微妙なんです。そこの施工が甘いと、なんらかの負荷が加わったときにグッと地盤が下がる可能性はあります。

川影　すると「地盤改良すればいい」「しなくてもいい」というギリギリのところで、ちょっとした施工不良が原因で傾いてしまう？

古仲　そうです。リスクが高そうなら、いっそのこと地盤改良をしてしまえば何も起きないのですが。

川影 やるべきところをギリギリやらなかったケース。それは一般のオーナーが確認のしようもないのですね？

古仲 地盤保証する会社も推奨するまでです。任意なのに施工すれば、それを過剰だと言われる可能性もありますから。

白岩 私のコンサル物件は地盤の調査も構造計算もしてもらっていますから、基本的にそういう欠陥は起こりづらくなっていますよね。

古仲 4号物件といって、2階建てまでの住宅クラスは基礎を経験値で施工していることがあるようです。

川影 どういう物件が計算されていないのですか？

古仲　4号物件というのは普通の住宅レベルです。それはアパートも同じです。アパートだから、きちんと計算していると思わないほうがいいです。その4号物件も2025年からなくなります。

白岩　2年後はすべて構造計算が必要になるのですか？

古仲　新しい計算が必要になります。省エネもです。「小さい物件なら構造免除」というのはほとんどなくなるので、時間はかかるけれど安全性は増します。耐震をはじめ、その辺が見直されるでしょう。

川影　時間とコストはかかるけれど、安全性は増すんですね。

古仲　白岩さんの企画はすべて計算をやってもらっているので大丈夫ですよ。だから基礎が高いって言われているけれど。

川影　それなら安心ですね。

●被害者は疲弊して諦めるケースが多い

川影　欠陥住宅の相談はありますか？

白岩　写真を見せてもらったことがありますが、基礎がズレていたり、階段の端っこが浮いていたりと酷かったですよ。

古仲　ずっと訴え続けていかなければ負けます。被害を受けたエビデンスを自分で出さないとダメなんですよ。

白岩　「これだけ被害にあった！」とい

うことを証明しないといけません。今週発売の週刊文春があるメーカーの欠陥住宅を特集しています。玄関が傾いていたり、シロアリだらけだったり。どこから見ても傾いているのに、そのメーカーの担当者は「傾いていません」と言い張っていますね。裁判で争うとなれば苦しいし長くかかります。

古仲　訴えられたほうは「それなら証拠を出してください」とずっと繰り返していればいいのだから。

白岩　長く引っ張っていくうちに、訴えているほうが疲弊して諦めてしまう。そうやって多くの人は泣き寝入りしているのが現実です。だから失敗する前に気づくべき、やめるべきです。

川影　怖いですね・・・。

【前編　終】

※P167からの【後編】へ続く

第2章

私がオススメする【6つの手法】

建てる物件については、一つのベストな回答があるわけではありません。人や土地によって異なりますので、複合的に決める必要があります。本章では6つの新築アパートについて概要をお伝えします。

2003年から満室稼働、ブルーオーシャンで戦える【吹き抜けアパート】

私が最初に吹き抜けアパートを造ったのは、今から21年前のことでした。18世帯の物件でしたが、神奈川県川崎市にあるため、近隣の不動産会社に散々ヒアリングをして、新築セミナーにも参加し、ハウスメーカーも訪れましたがピンとくる物件はありませんでした。私自身が良いと思える物件がなかったのです。

理由は、その地域に大学が多いから。周辺のアパートはすべてシングル向けの間取りで学生向けばかりでした。

向ヶ丘遊園にある初めて企画した吹き抜けアパート

不動産会社に行って話を聞くと、農地や遊休地、新築物件がどんどん建って、シングルタイプの物件が値崩れを起こしていることが分かりました。

その状況を見た瞬間、「ここでワンルームを造ったら終わるな」と確信しました。当時の私は、「絶対に失敗はできない。先を見据えたプランニングをすべきだ」と思いました。

ローンが20年も30年もあったときに、どうやったら満室をキープし続けることができるか。それに対する答えが、今の吹き抜け型のアパートのプロトタイプでした。

きっかけは分譲マンションです。天井が斜線状で高いところができると、そこから売れていくという話をマンションの設計屋からたまたま聞いたのです。

木造アパートでこれをやろうと思って始めたのが、向ヶ丘遊園に私が企画からかかわった吹き抜けアパートでした。それが２００２年のことです。

完成したのは2003年6月末でした。

当時、その地域にないタイプの物件でしたので、レッドオーシャンではなくブルーオーシャンで戦えました。

結果、20年経ってローンが終わった今も18室が満室な上に、家賃は8万4000円、8万5000円と、近辺のワンルームの倍近く得られています。

空きが出ても、近隣の賃貸仲介業者がすぐに次のお客さんを案内してくれるのです。他の物件は金太郎飴みたいなワンルームで決まらないからと、自分で管理物件を持っていても自主管理の私のところへわざわざ連れて来てくれるようになりました。


このように20年経っても値崩れせず収益を得られるのが、本当のブルーオーシャンなのだと最近つくづく実感しています。

将来をしっかりと想定していたため、満室稼働をしながらローンの支払いは今年で終わりました。

予定通りの結果を迎えたということです。やはり、先を見て建てなければなりません。

新築から20年以上が経っても特に変化はなく、常に強い競争力があります。ただ、高い家賃を設定するためには、場所を選ぶ必要はありません。

今のように土地が高騰している時代には、家賃を高く取れるエリアでないと費用対効果がよくありません。

そのためにも利便性のよい好立地を選びましょう。川崎のような郊外の場合でも駅近であれば通用すると思います。

日本全国でOK、車社会で強みを持つ【ガレージハウス】

時代に合わせてどういったものを作るかが大事ですが、アパートと一口に言ってもいろいろあります。

東京23区やその他の大都市圏で駅のそばのアパートと、郊外の車社会にあるアパートではニーズが大きく変わります。

車社会でも金太郎飴のような同じ規格のアパートがたくさん造られていますが、それでは前述したとおり、激戦になり値崩れを起こしてしまいます。

やはり車社会でオススメしたいのはガレージハウスです。

実際、私が２００８年頃、つまり15年前に宇都宮から車で30〜40分の場所に新築したガレージハウスは今でも入居が付いています。本事例は大きなヒントになるでしょう。

車社会になれば駅からの距離は関係ありません。利便性とは徒歩圏ではなく「車で何分」という考え方になります。

ですから土地値の安いところで、1階がガレージで2階がロフト付の住居という組み合わせのガレージハウスが王道です。

もしくは1階がガレージで、2階と3階が住居でもいいと思います。

宇都宮の初代ガレージハウス

コストを抑えるために、普通の2階建てでいいと思うのは誤りで、可能であれば縦に空間を使っていきましょう。

ガレージハウスとは別に、アパートの前に車を置くことができれば、車は表に出して、ガレージで趣味を楽しむこともできます。

高級車を好む人は自分の車を大切にしたいという気持ちが強いです。車だけでなくハーレーなどの大型バイクや、自宅に道具を置いておきたい職人さんの需要もあるでしょう。

こうしたニーズがあるにも関わらず、ライバルが圧倒的に少ないアパートを持てば地方でも安心感が違います。これは都会における吹き抜けアパートでも同じです。

供給が少ないアパートの場合、相場家賃以上の設定でも入居付けに困りません。

ガレージハウスも良い建築にこだわっていれば、最終的には過当競争にならないと思いますが、万が一、ライバル物件が増えているような状況であれば、ローンが終わる頃に、他のアパートと同じ値段に下げれば良いのです。そうすることで、築古になっても優位性を保てるでしょう。

安定稼働、生活保護向け【社会貢献アパート】

もう一つ、私が力を入れているのが社会貢献アパート、つまり生活保護者向けのアパートです。

社会貢献アパートは全国に対応していますが、家賃は市町村で異なります。細かく市町村ごとに調べていくと、都道府県内でも差があることがわかるでしょう。埼玉ですと所沢市と川口市は高く、4万7700円ほどです。さいたま市は4万2000円ほど、飯能市は3万円台など、扶助家賃は調べれば簡単にわかります。

単身世帯の場合は15・1平米以上の広さがあれば、各自治体で決められた家賃を受け取れます。

なお生活保護世帯は、家族世帯よりも単身世帯が多いです。

そこで社会貢献アパートで推奨するのは、シングル4世帯ほどの小ぶりな物件です。全て角部屋になるため風のとおりも良く、トラブルが少ないでしょう。

また社会貢献アパートに住む人は、生活困窮者であってホームレスではありません。勘違いしないで欲しいのは、生活困窮者は普通の方であるということです。

ケースワーカーがずっと巡回している点もいい側面です。コロナ禍になり一時期はストップしていたようですが、今はもう巡回が再開するでしょう。

一番のポイントは、部屋の決定権が生活保護者本人にある点です。

私も知らなかったのですが、生活保護申請が通ると、役所の人は「では不動産屋に行って物件を決めてきてください」と言うのだそうです。

それらのアパートは昭和時代に建てられたボロ物件が多く、またビックリする

埼玉県某市に建てた社会貢献アパート

ほど狭くて居住性が重視されていません。

そんな中で快適な新築物件があったら喜ばれるでしょう。

新築物件であれば競争力がありますし、20年経ってもまだ築20年です。その頃は他の物件は築50年超えですから、生活保護世帯から見て魅力的であることは間違いありません。

昭和から平成初めの古くなった物件を、仕方なく生活保護向けのアパートにする考えではなく、気持ちよく住んでもらう気持ちで取り組むのが大家の努めです。だからこそ、社会貢献アパートと名付けるべきだと思っています。

日本は福祉が非常に充実しているためか、生活保護を申請して通ると、引越し費用から敷金礼金まで全部自治体から出ます。

入居してから届け出をすると、賃料は役所から直接オーナーに振り込まれるようになっているので取りっぱぐれることはありません。これが、いわゆる代理納付制度です。

さらに、2年毎の更新料も支給されます。基本的には正当な事由がない限り引っ越せませんので、一度入ると10年、20年は入居していただくことができます。

埼玉県某市にある福祉専門の不動産会社から聞いたのですが、生活保護者が老いて一人で生活していけない状況になると、特養老人ホームへ連れて行ってもらえます。まさに至れり尽くせりです。

社会貢献アパートについては、制度が整っているのでオーナーが心配することはほぼありません。

半分を賃貸、半分を自身の住まいにする【賃貸併用住宅】

もしもあなたが転勤族であれば、それはよりチャンスかもしれません。賃貸併用住宅を1棟でも持っていれば、苦労せず老後の資産をつくれる可能性がアップします。

基本前提として新築アパート投資では通常、3〜4割ほどの頭金を求められます。大きい不動産屋と提携する場合はそれ以上の金額になる場合もありますが、そうでなければ3割が基本です。

この金額は昔から変わりませんので適正なのでしょう。

頭金がない時に頼るべきは、住宅ローンです。住宅ローンは頭金が不要です。

住宅ローンはマイホームローンと同じく返済比率のみの話なので、年収で判断されます。住宅ローンの目安としては、年収のおよそ35％×35年が最高額だと考えてください。

自分の年収で頭金なしでマイホームを買えることが分かっても、35年もローンを払えるのか。つまりこれから先35年も、同じ会社に勤められるかという懸念が生まれると思います。そう考えると普通のマイホームは、将来の負債になってしまう可能性が大きくあります。

だからこそ半分を賃貸にして、半分は自分で住むタイプの物件にすべきなのです。

郊外型の賃貸併用住宅

ここで住宅ローンを使って、賃貸併用住宅を建てる際のルールをお伝えします。基本的に自宅部分が50％以上あれば住宅ローンの対象となります。

住宅ローンの不正利用が問題になりニュースにもなっていますが、それは半分以上を自宅にするのではなく、住宅ローンを借りているにもかかわらず、すべてを貸してしまっていたからです。

私の提案は、自宅の比率を50％以上にする、しっかりルールを守ったやり方です。このような手法でうまくやるとアパートを持てますし、居住性の良いマイホームも手に入るわけです。

今、アパートを新築するのはハードルの高いことではありますが、住宅ローンを活用すると実現できますし、やむを得ず転勤となった場合は貸せばよいのです。その場合は銀行へ正直に理由を話してアパートローンに切り替えることができる可能性があります。

また、ローン完済のタイミングを待たないでアパートローンに切り替えて引っ越すのもよいでしょう。そうすると1棟を貸すことができますので、まさに年金代わりになります。こんなにいいことはなかなかないでしょう。

同じ賃貸併用住宅でも、郊外型や地方型だと取得費が安くなります。土地の値段が1000万円の土地と8000万円の土地では、トータルでかかる費用は確実に変わってくるということです。

年収の少ない人は、郊外や地方でガレージハウス併用住宅を建てるのが吉です。年収が1000万円以上ある人は、タワーマンションをやめて吹き抜け住宅を買いましょう。場所は目黒・世田谷などの競争力ある地域をお勧めします。

賃料の高い都会では吹き抜け型の賃貸併用住宅が向いていますが、土地は坪200万円、300万円と高くなりがちですが。

場所によって価格帯と賃貸住宅の特徴が変わりますので、自分に向いているものが何かを考えるのが重要だと思います。

インバウンド需要で大きく稼ぐ【小規模旅館】

私が旅館業に目を向けたのは、2015年のことです。当時は民泊という言葉がまだ根付いていない頃で、法整備がされていない状況でした。

「Airbnb」という部屋を宿として貸し出すプラットホームの登場により、これまでの「宿」の概念が変わり、誰でも簡単に自分の部屋を宿として貸し出すことができるようになりました。

しかし、本来は対価を得て宿泊場所を提供するには、旅館業の認可を取らなくてはいけません。

当時は法整備ができていなかったため、誰もが簡単に民泊を始めることができましたが、そういった時代は長く続かないと判断した私は、いち早く法律に則った形にすべきと考え、かなり早い段階から旅館業簡易宿所営業・旅館業旅館営業

東京都内で運営中の小規模旅館

といった認可を得て小規模旅館を開業、その頃の書籍には、「旅館アパート」としてご紹介しました。

そこからインバウンド需要はどんどん伸び続け、コロナ禍に入る2019年には外国人訪日客数の最高記録を出しましたが、その後、コロナ禍において旅行業界が大ダメージを受けたことは皆さんもご存知でしょう。

2022年の10月、日本の水際対策が緩和されたことにより、再び外国人訪日客が増え始め、2023年に入ってからはだいぶ客足が戻ってきました。これからも伸びていくことが予測されます。

この小規模旅館の強みはなんといっても需要です。

第1章の最後に述べましたが、人口減少が進む日本で世界をマーケットに経営できる点が他のアパート投資と異なる点です。

すでにインバウンド事業は国策となっており、今後も多くのニーズが見込めます。

また宿泊料は家賃と違って月々決まった金額ではなく、まるで為替のように変動があります。

泊まりたい人が多いのに、泊まれる部屋が少なければ料金が跳ね上がりますし、コロナ禍のように人の動きがなくなれば価格はどんどん下がります。

つまり、ハイリスクハイリターンなのです。ですから、誰にでも勧められる投資ではありません。

くわえて参入にもハードルがあります。

地方はともかく都内での新規開業について言えば、私が旅館アパートを勧めていた頃とは、ずいぶん状況が変わっています。

その原因は都内の土地の高騰です。そのため、小規模旅館については一般的なサラリーマン向けではなく、事業家さんや地主さん向けの投資となります。

土地の取得にかなりコストがかかるため、誰もが簡単には取り組むことができないからです。

その他の特徴としては、アパート投資同様にオーナーのすべきことはほとんどないという点です。

アパート経営に管理会社があるように、小規模旅館では運営代行会社へ依頼することができます。オーナーに代わって、予約管理、チェックイン・チェックアウト対応、クレーム対応、清掃などあらゆることをしてくれます。

もちろんその分だけコストがかかってしまうものの、片手間でできるのはアパート経営と何ら変わりがありません。

「旅館」と聞くと難しそうで手が出せないイメージもありますが、開業までのハードルが高いぶん、開業までこぎつけてしまえば、すべてを人におまかせすることができます。

税理士や不動産会社は総合的に判断できない【相続】

最後は相続対策としての不動産投資です。ちなみに私は自分自身が相続で揉めた人間です。

相続となると、皆さん信託銀行、税理士、不動産会社、建築会社、弁護士とさまざまなところに相談するようですが、どこもそれぞれの専門家でしかないので、総合的に判断することはできません。

総合病院ではなく、診療科なのです。

大事なのはトータルで考えること。各専門家では、おそらく教科書通りのことしかできません。

そして、ほとんどの人が相続を経験していないので、深いところまでは分からないのだと思います。

自分ではなく他人のお金のことですから、親身になりにくいところもあるのでしょう。

ですから、当の本人がしっかりするしかありません。持っていかれる額に驚くこともあるでしょうし、時には準備が整っていない場合もあるはずです。

とにかく思ってもいないことが起こるのが相続です。まさか自分が相続争いに巻き込まれるとは、皆さん想像もしていないでしょう。

だからこそ事業継承と相続の準備は、同時に進めなくてはなりません。

それぞれを同時に進めるのはすごく大変なことですから、事前に進める方法も含め自分に合ったスタイルを早めに見つけるべきです。

まずは、現金はそのまま持っているだけでなく不動産に変えておくべきです。

地主さんの場合は借金をして新築アパートを建てればいいと強く勧められますが、自分の土地が郊外や地方など人の少ないところにある場合は、将来の需要が

相続対策として建てた原宿の新築商業ビル（土地も所有）

不透明です。

その場合は、親戚一同に文句を言われても組み換えるしかないでしょう。具体的には地方の300坪を、都会の30坪の土地に換えるイメージです。

不動産にしたほうが税金を圧縮できますし、人に貸すと圧縮幅が増え資産評価額を下げられます。

また不動産賃貸事業を行ったうえで事業継承すると、より節税効果が見込めます。とはいえ、方法は他にもいろいろあります。事業継承は持っている土地や家族構成に関連しますので、この手法が最適であると一概に断言することはできません。

※必ず税理士など専門家に相談してください。

第3章
吹き抜けアパート

吹き抜けアパートの特徴

第3章で紹介するのは、吹き抜けアパートです。

吹き抜けアパートの入居者は20～30代の新婚夫婦と、同棲カップルをイメージしています。実際に入居が多いのは同棲カップルで、どちらも働いており、ある程度の年収が確保されています。

というのも私が吹き抜けアパートを企画する立地では、部屋の広さによっても変わりますが10～12万円程度の家賃です。

そうなると一人入居であれば年収500万円以上、2人入居であれば年収200万円以上と年収300万円以上のカップルがムリなく家賃を支払える層となります。

このターゲット設定は、年収の高い単身者と平均年収のカップルになり、ターゲットを絞り込みながらも、決して間口が狭すぎるわけではありません。

保証会社を付けること、そして家族にきちんと公認されており、緊急連絡先として両方の親御さんにお願いできる方を条件にしています。

50年経っても現役で家賃を稼ぎ続ける世田谷のアパート

第2章でもお伝えした通り、吹き抜けアパートのプランは私が考えたものです。しかし、その根底には、裸一貫で静岡の田舎から上京して、大工から工務店をつくりあげた父のアパートがあります。

私の父は昭和21年に世田谷区に工務店を立ち上げました。

父は幼少時代に苦労した人でどちらかというと偏屈な性格でしたが、時代を読むセンスがあったのでしょう。

建てれば埋まる時代、近所の施主が目先の利益を優先して、四畳半の風呂ナシアパートをどんどん建てている中、父だけは風呂とトイレ付きの2DKのアパートを造りました。

父のような自営業者は年金も雀の涙ほどしか出ません。私も経営者で似たような状況ですから年金をあてにはできません。

そんな中、とくに老後になって返済の終わったアパートを持つことは、金銭的にも精神的にもゆとりをもたらせてくれます。

私と姉が継いだ父の建てたアパートは築50年を迎えましたが、未だに現役で家賃を稼ぎ続けてくれますし、私が初めて企画した向ヶ丘遊園の吹き抜けアパートも築20年が経ちローンを完済した今、安定的な家賃収入を生んでくれています。

木造アパートの法定耐用年数が22年ということで、銀行は木造アパートに対して大きな評価を出してくれませんが、木造アパートが築22年になったからといって朽ちることはありません。

世界最古の木造建築は、奈良の法隆寺であることをご存じですか?

築50年超えで満室の世田谷アパート

建設年は607年で推古天皇と聖徳太子によって建立されたといわれています。ここまでの保存はレアケースとはいえ、しっかりとメンテナンスをすれば木造建築物であっても長く持つのです。

駅から近い二面道路に建つ吹き抜けアパート

続いて事例をご紹介します。

1軒目に紹介するのは、世田谷区にある小田急線・千歳船橋駅の物件です。駅から徒歩3分程度の良い立地で土地価格が高いため、自己資金がしっかりないと取り組めません。

この物件のオーナーは40代の自営業をしている久保さん（仮名）です。

都内の好立地な物件を探していたところ運よく見つけたそうですが、小田急線・千歳船橋駅から徒歩3分、二面道路（敷地が2つ以上の接道部分をもつ）に面し

千歳船橋の吹き抜けアパート

た27・13坪の土地を5000万円で購入しました。

主要道路に近く、近所にはお店がたくさんありつつ、物件そのものは閑静な住宅街にあります。

駅から近いうえに公園もすぐそば。角地の整形地ですので、今では土地価格がずっと高くなっているでしょう。

久保さんはお子さんに遺したいという思いがあり、利回りよりも資産性を重視されていて、各22・32平米ある4世帯の吹き抜けアパートをつくりました。

吹き抜けとメゾネットの融合

田園都市線・桜新町の物件は、駅から徒歩2分にあります。オーナーは60代の馬場さん（仮名）で、もともとこの土地を所有されている地主さんでした。

定年退職で先々のことを考えようとしていた頃、親の代から住んでいる古い家

桜新町の吹き抜けアパート

を新築アパートに建て替えました。
良い地域でより高い賃料設定にしようと考えたとき、ぴったり合致したのが吹き抜けアパートでした。

この物件の場合、33・53坪の土地で斜線規制（建築物の各部分の高さを制限する法律）により、6世帯をすべて吹き抜けにするには土地が足らず、メゾネット1世帯と吹き抜けのロフト付の部屋が4世帯の、計5世帯の組み合わせになりました。

メゾネットの1世帯は34・26平米の吹き抜けの4世帯はそれぞれ24・06平米あります。ちなみにメゾネットには競争力はありますが、投資効率は良くありません。

〜白岩貢 20作目出版記念〜

『“6つ”の新築アパート投資術セミナー』

読者無料

『初心者は知っておきたい！“6つ”の新築アパート投資術』
（夢パブリッシング／企画制作、ごま書房新社／発売

本書をご購読いただきありがとうございます。文中でも述べましたが、新築アパートを建てローン返済までの長い期間を無事に走りきるためにはスタート時点での準備が大切です。建物についての建築知識はもとより、変わりゆく経済情勢や人口問題などにも対応したプランニングが必要となります。
本セミナーでは親の代に建て、50年間満室が続いている白岩家のアパート経営の経験や、20年間で400棟の新築サポートをしてきた様々な事例をもとに、新築投資の実際をお伝えしていきたいと思います。

セミナー概要

◆講師：白岩貢
◆日時：2023年10月14日（土曜）・15時より90分予定
　※セミナー後、個別質問の時間もございます。
◆会場：東京駅近辺セミナールーム予定（詳細はお申し込み後にお知らせします）
◆参加資格：本書の読者　◆会費：無料
　※受付にて本書『初心者は知っておきたい！“6つ”の新築アパート投資術』をご提示いただきますので必ずご持参ください
◆募集：先着30名予定
◆懇親会あり（希望者のみ、17時頃より2時間、会費制5000円）
◆セミナー内容（一部変更の可能性もございます）
　■ガレージハウス型・社会貢献型アパートの建て方　■2023年アパートローン事例
　■全国各地で運営をはじめた、新築アパート経営の最新状況
　■2023年の目黒・世田谷区（東京）の新築アパート相場
　■50年満室が続く「白岩家」の新築アパート経営の秘訣
　■相続案件からはじまった不動産資産リカバリー成功事例　ほか
◆主催：夢パブリッシング&白岩貢事務所

◆セミナーお申し込みは以下URLまで
https://ws.formzu.net/fgen/S398904893/
★メールでも受け付けております。info@shiraiwamitugu.com

スマホお申込

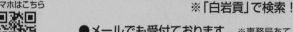

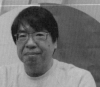

第4章

ガレージハウス

地方でのオススメはガレージハウス

地方であれば、ガレージハウスのように競争力があって需給バランスが崩れにくい物件が適しています。

ガレージハウスは車やバイクなどの趣味を持つ方に向けた車庫付アパートです。高級車やスポーツカー、ビンテージカーなど趣味の車をはじめ、ハーレーダビッドソンのような大型バイクを雨ざらしにしたくない、鍵付きの車庫に収納したいというニーズは全国にあります。

年収でいえば首都圏が飛び抜けて高く、地方との所得格差はありますが、車やバイクを趣味にできるような層は、地方在住でも比較的高い家賃を支払えることも大きな特徴となっています。

ただし、私の提案するガレージハウスと他社のものではやや客層が異なります。私が提案するのはオシャレではありますが、本来は実用的な職人向けの住宅で、住む人を選ぶようなマニアックなタイプではありません。

デザイン性ばかりが優先されて、居住性の悪いデザイナーズハウスのような物件ではなく、普通の人が楽しみながら快適に暮らすことのできる、基本的なガレージハウスです。

200ボルトの自動車用充電器がついていて、1階に棚とデスクがあり、エアコンが完備されています。流しも設置してありますので車を置くだけでなく、趣味の部屋として、またはガレージショップなどにも応用できます。

家賃も相場よりプラスアルファ程度で入居募集を行います。

対して他社のガレージハウスは見た目だけにこだわっているケースが多く、家賃設定もかなり強気です。

過去に私が懸念したのは、相場10万円程度の地域で、倍の20万円の家賃設定をしていたケースです。

そんなに高値では入居を付けるのが無理だと思います。例えば池で鯛を狙うようなものでしょう。

正直なところ、地方で18万円や20万円の家賃は厳しいです。

それなのに、どうしてそこまで高い家賃をつけるのかといえば、第1章でも述べましたがガレージハウスに限らず、当人が借りられるマックスの建築費を乗せられるからです。建築費用が高いので相場以上の家賃にして、なんとか利回りを作っているわけです。

それでも入居が決まれば良いのですが、あまりにも賃料が高すぎて新築で何カ月経過しても空室だらけ・・・というケースも散見されます。

高い家賃は魅力だが、高すぎるのは危険

競争力の高い物件だからといっても、最大の建築費をつかって、それで収支が合う家賃にすると現実的でない家賃設定となります。

地方であれば10万円以下の住宅ローンでも家が買えるエリアもあるのに、月々20万円以上の家賃をいったい誰が払うのでしょうか。

その家賃が支払える人を想定すると、いわゆるセレブ向けのような家になります。しかし、地方には大都会に比べてセレブが少ないので本末転倒になってしまうのです。

実際に地方では、家賃18万円や20万円で空いているガレージハウスを見かけます。下手をすれば住宅ローンの倍もする家賃ですから、わざわざそこへ入る人は

なかなかいないでしょう。

たとえば大企業の支店長や工場長など、転勤族の高属性であればターゲットになるかもしれません。その町の規模にもよりますが、そこが特別な人が多く住む町なのか、という検証も必要です。

地方では、年収300万円の人が快適に住める物件をつくりましょう。

ガレージハウスの土地選び

車の出入りを考慮する必要がある分、建てられる土地が限られます。どんな土地でもできるわけではありません。

ガレージハウスでは、1戸あたり最低4メートルの間口（道路が面している面）が必要です。

理想をいえば整形地で間口8メートル以上あれば2戸できるイメージです。そういう土地さえ見つかればガレージハウスは作れます。

角地なら2方向に駐車場の出口を作れるので、それぞれ8メートル以上の間口があれば4戸作れます。

ただ郊外や地方へ行くと、当てはまる土地は結構あります。23区では広い間口の家はなかなか見つかりませんが、車社会へ行けば見つけやすいのです。

埼玉でガレージハウス2棟を施工中

ここからは、埼玉県の久喜市と熊谷市のガレージハウスについて紹介します。

オーナーの高木さん（仮名）は50代のサラリーマンで、既に物件を3棟所有されています。既存の物件が神奈川県にあるため、リスクヘッジを考慮して、少しエリアを離した埼玉方面で検討していました。

久喜市のガレージハウス

中古物件も探しましたが、なかなかいい物件がなく「どうしようか」と困っていたところ、将来のためを考えて、私はガレージハウスを作ることを勧めました。条件に合う中古アパートがあったとしても、今から中古物件を買うよりは、きちんと新築でガレージハウスを作れば長期の安定稼働が見込めます。

私自身も宇都宮の実績がありますし、プランをお見せして提案したら、とても喜んでもらえたのです。

ちょうど良い土地が2筆見つかったこともあり、現在は4世帯と7世帯のガレージハウスを同時に着工しています。

久喜市のガレージハウスは55・06坪の土地で間口は16・98メートル、52・98平米が4世帯あります。

こちらの物件は現在入居募集を開始したところで、すでに何件がお問い合わせをいただいています。

場所はJR線や私鉄の駅から徒歩3分ほどの場所で見つかりました。車も電車

熊谷市のガレージハウス

も使える立地は利点と言えます。

一般的にガレージハウスは、インターチェンジやショッピングモールの側であれば、どこでもいけると言われています。

職人さんたちも現場へ行くのが楽なので、インターチェンジの側の物件を好むと聞きます。車社会で交通の便といえば、電車よりも車の方が優先されるのです。

熊谷市のガレージハウスはとにかく広い間口を持つのが特徴です。１２５・53坪の土地で間口は27・１メートル、52・98平米が7世帯あります。

こちらの物件は２０２３年8月には竣工予定です。

第5章
社会貢献アパート

社会貢献アパートで求められるのは快適さ

社会貢献アパートでまず紹介したいのは、埼玉県所沢市の小手指駅から歩いて40分弱のところにある物件についてです。

6世帯のアパートで、オーナーである加藤さん（仮名）が相談に来られたときは5世帯が空いている状況でした。

暑い夏の日でしたが、「リフォームしてから募集をかけたい」と望まれたので皆で見に行くと、物件の状態はそこまで悪くないのですが、物件の横にあるお墓が丸見えで、女性には好まれなさそうな物件でした。

とり急ぎリフォームしても、入居募集にそこまで効果がないと判断し、リフォームは見送られることになりました。

当時、近隣の賃貸仲介会社へヒアリングを行い、コストがかかる特別なことはせず、レインズ（不動産宅建業者が利用する不動産情報サイト）だけに載せる運びとなりました。

それから数カ月後、加藤さんへ状況を確認したら満室になっているというのです。詳しく聞いてみると、レインズを通じてつながった賃貸仲介会社の中に、福祉に力を入れている業者があり、その業者が生活保護で5部屋を全部埋めたということでした。

詳細を理解すべく、私はすぐ賃貸仲介会社の担当者に会いました。福祉に力を入れている専門の仲介会社は、生活保護者のための住居を斡旋しており、なんでも月20件ほど埋めているとのことでした。

憲法第25条には「すべて国民は、健康で文化的な最低限度の生活を営む権利を有する。国は、すべての生活部面について、社会福祉、社会保障及び公衆衛生の向上及び増進に努めなければならない」とあります。

所沢の社会貢献アパート

憲法25条には、国民が最低限の文化的な生活をするための義務を負うのは国であると定められていて、生活に困窮するすべての国民に対し、その困窮の程度に応じて必要な保護を行い、最低限の生活を保障するとともに、その自立を助長することになっているのです。

生活保護の種類は、生活扶助・教育扶助・住宅扶助・医療扶助・介護扶助・出産扶助・生業扶助・葬祭扶助の8種類があり、もっとも基本となるものに、生活扶助と住宅扶助があります。

生活扶助は日々の暮らしにかかる食費、被服費、光熱費などがもらえる制度です。住宅扶助は家賃、部屋代、地代、住宅維持費（修繕費）、更新料、引っ越し費用などがもらえる制度です。

この住宅扶助制度では、自分が住む物件の選択権を持っているのが入居者であることは、世の中ではあまり知られていないようです。

市場の原理でいうと、快適な物件を提供したほうが喜ばれるのは当然ですが、生活保護の家に限っては、快適からは程遠い物件が提供されています。

だからこそ、私は生活保護を受けている人向けの快適な物件をやるべきだと思いました。

全部屋が角部屋の快適なお部屋

新たに建てることになった社会貢献アパートに興味を持ってくださったのは、相続の準備のためにアパート購入を検討していた木下さん（仮名）です。

50代のサラリーマンで、もともとボランティア活動を活発にしている人だったので、生活保護者向けの賃貸住宅をぜひやりたいとのことでした。

なお、社会貢献アパートの家賃相場は各市町村が定めた住宅扶助の金額となります。これが市町村で全く異なりますので、事前に調べる必要があります。

私の事前リサーチでは埼玉県内において住宅扶助費が高いのは、埼玉県の所沢市と川口市です。

さっそく土地探しを進めました。

社会貢献アパートのいいところは、昭和の時代に分譲開発した土地と古い家を買って壊すと、ちょうど4世帯のアパートが建つ点でしょう。2階建ての4世帯のよいところは、全室が角部屋になるところです。

今、昭和時代に建てられた築50年、60年ものの家の建つ28〜30坪ほどの土地は、築浅物件に比べて非常に出やすいです。買ってリフォームするのではなく、解体して新築するので、比較的どこでもやりやすいでしょう。

小ぶりな整形地はたくさんありますが、土地の価格帯1000万円から1300万円くらいを一つの指標としています。場所の良いところへ行くと高いですから、土地値とのバランスも大事です。

立地は必ずしも駅近でなくて構いません。病院やバス停が近くにあることも強みになりますが、入居するのは自炊する方がほとんどなので、徒歩圏にスーパーマーケットがあるかが重視されるようです。

生活保護者は自家用車を持たないため、駐車場を確保する必要もありません。その代わり自転車置き場を作るようにしましょう。入居したら、自転車をプレゼントするキャンペーンをするのもいいと思います。

こうした立地や角部屋という特徴のほか、キッチンにもこだわりがあります。多くの生活保護者は自炊するため安い賃貸物件によく設置されている単身者向けのミニキッチンではなく、分譲住宅に置かれる1800ミリサイズのキッチンを取り入れています。コンロはＩＨの２口コンロですから、料理のしやすいキッチンが好評です。

このように設備には入居者に対しての配慮やこだわりがありますが、特別に高価なものを取り入れているわけではありませんし、ロフトなしのシンプルな建築でコストダウンになっています。

生活保護の物件といえば、昭和や平成の初期に建てられた築古物件が多く、狭くて安普請で居住性も低いのが一般的です。

そんな中、広々としたキッチンに収納もあり角部屋という好条件なので、入居者さんからも選んでいただけますし、物件力が強いので仲介業者からの評判も上々です。

社会貢献アパートのオーナーである木下さんも、あっという間に入居が決まり、しかも手間がかからないので喜んでいただけ、私も安心しました。もう1棟ほしいということで、また土地探しをされています。

木下さんが元気なうちはアパートとしてお金を稼いでもらい、今後の相続で次世代が売却をして現金化を望んだとき、小ぶりな4世帯アパートなら売りやすいでしょう。

第6章

賃貸併用住宅
ガレージハウス型
／吹き抜け型

賃貸併用＋ガレージハウスという選択肢

続いて、賃貸併用住宅を紹介します。

1棟目は静岡県静岡市の郊外にあります。物件の所持者は、公務員をしている高田さん（仮名）、30代で年収550万円です。

街の中心部ではありませんが、すぐそばに利便性の高い国道と大きなスーパーがある好立地で、土地は広めでした。車で通勤している方だったので、喜んでガレージハウスの賃貸併用住宅を選択しました。

住宅ローンを使って賃貸併用住宅を作る場合、5割以上をマイホームにしなくてはいけません。ただし、基本ルールは5割以上ですが、その配分は家族構成によって変えることができます。

静岡市の賃貸併用＋ガレージハウス

高田さんの場合、2世帯住宅で1つが賃貸です。家族がいるので6割を住宅で、4割を賃貸にしました。

このように6割マイホーム：4割賃貸でもいいですし、独身や夫婦2人であれば、5割マイホーム：5割賃貸でもいいでしょう。

自宅部分は3LDKので89・02平米あり、LDKが14・4畳と広めになっていて、その奥には夫婦の寝室として6畳のロフト付の洋室があります。

1階には車庫を設けました。建物と同じ大きさなのでかなり広めです。車庫は部屋に変えることもできますので、車を外に置くと1部屋増やせます。

個室は6畳と6・5畳があるので現在は部屋が足りていますが、将来は車庫を改装して子ども部屋にするのもよいでしょう。

賃貸部分は少し小ぶりの69・97平米となり、1LDKの間取りです。こちらの部屋もリビングは11畳あり、ロフト付になっています。

静岡市の賃貸併用＋ガレージハウス（2階・住居部分）

また、ガレージでは商売を始めることもできます。アメリカではマイクロソフトを始め、ネット企業はガレージから起業しています。

倉庫としても使えるので、今、流行っている物販事業にも対応できます。

ポイントは、2世帯ともガレージハウスである点です。本人も車が好きで、建物の前とガレージに1台ずつ停められるようにしました。1世帯あたり駐車場は2台ずつということです。

特に地方の場合、1家族で車を2台持っていることが多いので、駐車場を2台ずつ設けるとメリットに感じてもらいやすく、空室のリスクが下がります。

実際に貸し出すのはこれからですが、家賃は10万円以上に設定する予定です。ガレージハウスではなく普通の部屋だった場合は、高くて8万円でしょう。

年収500万円でも賃貸併用＋ガレージハウスは建てられる

宮城県仙台市の賃貸併用物件オーナーの田代さん（仮名）は40代で、お子さんが3人います。

宮城県仙台市の物件も、静岡と同じく郊外にあります。オーナーの田代さんの職業は会社員で、年収は500万円ほどです。

建てたのは2世帯物件です。家族がいるため自宅部分はやはり広めで、自宅が6割、賃貸が4割でした。

170平米60坪弱なので、延べ床は168平米にもなります。住宅部分が大きく、3分の2ほどを占めます。

お子さんには1人部屋が必要ということで、かなり広さのあるマイホームをプランニングしました。間取りは3LDK＋ガレージです。1階に14畳のLDKと

仙台の賃貸併用＋ガレージハウス

水回りのある車庫、2階には3部屋あります。

ガレージハウスの主なターゲットは単身世帯が多いですが、家族で住む場合は部屋数が要りますので、本物件は3部屋にしました。

賃貸部分のガレージと居室はそれぞれ10畳あるので、1人または2人暮らしを想定しています。まさに、ガレージハウスの定型パターンです。


間仕切りすればアパートの住民と顔を合わせることもありませんし、車庫が2台並んでいても玄関が別側についているので気をつかわずに住めます。


入居者とやりとりをしたくない場合は、管理会社に委託することもできますが、そもそも各世帯の境目にガレージがあり、柵と収納が付いていますので問題は起きにくいでしょう。

世帯と世帯の間に階段を設置しているため、音が漏れにくいのもポイントです。家がメゾネットなので、子どもが騒いだり床で跳ねたりしても支障はありません。

縦型にしているので、賃貸併用とはいっても居住の快適性は一戸建てとほぼ変わらないでしょう。

地方では土地が安いので、こういった造りもできるわけです。

静岡の物件はまだお子さんが小さいケース、仙台の物件はお子さんが大きくて１人に一部屋が必要なケースです。

仙台も静岡も車社会ですし、仙台は大都市とはいえ物件は郊外にありますので、違いはほとんどありません。

土地代は、仙台のほうが安いです。中心部から離れた郊外に行くと、６００万円あれば街中でも広大な土地を買えるのが現状です。

年収1000万円以上なら東京・世田谷でも可能

東京の一等地でも賃貸併用は可能です。

世田谷区の千歳烏山では賃貸併用の吹き抜けアパートを建築中で、すでに上棟しています。

オーナーの中野さん（仮名）は40歳台で、大手通信会社に勤務しています。

奥様の希望が駅徒歩10分以内ということで、土地を探したところ駅から徒歩7分、商店街の中にある好立地を5800万円で購入できました。

中野さんの年収は1200万円ですので、9000万円台の融資が通ります。

加えて自己資金もあったので、23区でも難なくマイホーム兼アパートを建てることができました。

この賃貸併用住宅は、1階に2世帯のアパート、2階が自宅という間取りです。

1階にある2部屋のアパート住宅は吹き抜け型で20平米にロフトがあります。世田谷区でこれだけの広さがあれば競争力があります。家賃を9万円台にして、共益費込みで10万円です。

2階は14畳のLDKと5畳の洋室に加えて、小屋裏収納という間取りでした。2階が約42平米で、ロフトがあります。

お風呂も分譲仕様の大きなサイズで、L字型のカウンターキッチンは奥さんの希望でした。アイランド型だとキッチンスペースが狭くなってしまうのが、L字型を選んだ理由です。

車は基本的に置けません。スペースを確保できなくはないのですが、玄関が潰れてしまうので置かない方向で検討されています。

メガバンクで融資が通り、金利は1%未満。ほぼフルローンという好条件で融

千歳烏山の賃貸併用（建築中）

資を受けることができました。

月々の住宅ローンの返済は約28万円。賃貸部分からの家賃が20万円なので、差額の8万円、つまりワンルームの部屋に住むくらいの負担で新築マイホームに住むことができます。家族で新築に住め、土地は自分の財産になるわけです。

ここまでうまい話はなかなかありません。ひとつネックがあるとすれば、23区の好立地の場合は年収が1000万円なければ建てられないという点でしょう。言い替えれば、その年収さえあれば普通にできることなのです。

既にマイホームのある人もやり直せる

既にマイホームを購入している方でも、あきらめることはありません。

少しだけ意識を変えたら新築アパート投資にチャレンジできます。

例えばマイホームを何年か前に買った場合は、おそらく値段が上がっているので売ってもよいでしょう。

築年数の経った自宅を売却して、新しく賃貸併用住宅に買い替えるのです。

仙台の方も、もともと東京の郊外でマイホームを買っていた人でした。それでも賃貸併用物件が欲しくて土地を探したという経緯がありました。

マイホームがあった場所は、東京都下です。「将来性のない家を買ってしまった・・・」と後悔していましたが、それでもとんとん拍子で売れました。

人によっては利益の出る場合もありますし、残債が消えてとんとんになる場合もあります。

マイホームローンを新たに組むことにはメリットがあるので、利益を追求する必要はなく、むしろ喜んでおられました。

転勤族なら賃貸併用住宅を複数建てる手もある

高く売れなくても、損をしないかたちで売れさえすれば次の物件に進めます。

特に転勤のある職種の方は、事業用ローンにするのがお勧めです。

住宅ローンは本来何本も組めるイメージがありませんが、転勤であればその都度マイホームを買っても問題ありません。

サラリーマンの収入を基準に住宅ローンの返済比率を見られますが、転勤族であれば、普通の住宅ローンを複数組めなくても、事業用のアパートローンに変えると、また新しく住宅ローンが組めるのです。

転勤という理由であれば、住宅ローンのままで問題ない場合もあるのでしょう。

要は選択肢が広がるのです。

この手法であれば、アパートローンを借りにくいときでも合法的にアパートを建てられます。

地方は土地が安いので、ガレージハウスを組み合わせると競争力が上がり強い物件になります。20年、30年経っても戦えるでしょう。

仙台の田代さんは転勤族の会社員ですから、転勤先ごとに3棟ほど欲しいとのことでした。

とても居住性が高く、快適な住まいを入手できる点も魅力です。

賃貸併用住宅だからといって狭苦しく感じることはありませんし、壁の作り方次第で入居者に気をつかわなくて済む造りにもできます。まさに理想の住まいと言えるでしょう。

第7章

小規模旅館

アパートを旅館にするという考え方

私が民泊のプラットフォームであるAirbnbを知ったのが2015年。当時はまだ民泊という言葉もなじみがありませんでした。

誰でも簡単に部屋を貸し出すことができる、これまでの常識を覆すような出来事でした。

空き部屋を旅行者に貸し出して利益を生み、その仕組みを理解した先駆者が民泊で大成功していました。

当時は法整備が進んでいなかったため、誰もが簡単に民泊をすることができましたが、数年後にはトラブルが続出してニュースを賑わせました。

「闇民泊」という言葉が生まれたのもその頃だと思います。こうした違法民泊を取り締まるため、2017年6月に民泊新法（住宅宿泊事業）が誕生しました。

本来、対価を得て宿泊させるには、旅館業の認可を取らなくてはいけません。私自身も民泊をいち早く実践したのですが、法整備が追いついていないことに危惧を抱き、「法律に則った形にすべき」と考えて2016年から実践しました。

その方法とは、アパートを小規模旅館として運用することです。

小規模旅館は、かつて「旅館アパート」としてご紹介していた物件です。その名のとおり上下1部屋ずつ、または2部屋ずつの計2～4部屋程度で規模の小さい旅館です。

旅館を行うためのルールとは

大前提として、旅館を経営するためには、国の定めた旅館業法というルールに従わなくてはいけません。

その他にも2016年に開始された特区民泊（国家戦略特別区域外国人滞在施

3種類の民泊許可制度の違い

	旅館業法 (簡易宿所営業)	国家戦略特区法 (特区民泊)	住宅宿泊事業法 (民泊新法)
所管省庁	厚生労働省	内閣府 (厚生労働省)	国土交通省 厚生労働省 観光庁
許認可	許可	認定	届出
最低宿泊日数	制限なし	2泊3日以上	制限なし
営業日数	制限なし	制限なし	年間180日上限
最低床面積	33m²以上 (宿泊者数10人未満の場合1人あたり3.3m²以上)	原則25m²以上／1室	1人あたり3.3m²以上
住居専用地域での営業	不可	一部の自治体で可能 (国家戦略特区内のみ・各自治体の条例により一部不可)	可能 (各自治体の条例により不可もしくは営業期間の制限あり)
管理業務委託	規定なし	規定なし	規定あり
安全確保の措置・消防用設備等の設置	必要	必要	必要 (家主居住型で宿泊室の床面積の合計が50m²以下の場合不要)

出典：3種類の民泊許可制度の違いを押さえよう（ホームズ）
https://toushi.homes.co.jp/column/lifull-homes-investment/beginner177/

設経営事業）、前述の民泊新法（住宅宿泊事業）の3種類あり、合法で宿泊業を営むためには、各種要件を満たしたうえで、いずれかの認可や届出を行う必要があります。

そのうち従来からあるのが旅館業で、中でも民泊向きとされているのが簡易宿所営業です。

私自身は同じ旅館業法でも、簡易宿所営業ではなく旅館営業の認可をとるケースが多いです。というのも旅館営業は小規模であれば、非常に取得しやすいからです。

その他の特徴としては、「オーナーのすべきことはほとんどない」というものです。この点は、不動産投資と似ている部分です。

アパート経営に管理会社があるように、小規模旅館では運営代行会社に依頼することにより、オーナーに代わって業務を依頼できます。

予約管理、チェックイン、チェックアウト、清掃などあらゆる対応をしてくれます。

もちろんその分だけコストがかかってしまうものの、片手間でできるのはアパート経営と何ら変わりがありません。

このように旅館業の簡易宿所や民泊新法ではなく旅館業を中心に認可を取得しており、旅館営業の認可を取り始めてノウハウの蓄積はすでに10年あります。

一頃は20棟まで増やしましたがコロナ禍を経て、現在は都内にて提携会社が11棟を管理運営しています。

旅館・ホテル営業と簡易宿所営業の主な基準

項　目	旅館・ホテル営業	簡易宿所営業
客室の床面積	１客室の床面積　７㎡以上※ ※　寝台（ベッド）を置く場合は、９㎡以上	客室の延床面積　３３㎡以上※ ※　宿泊者を１０人未満とする場合は、１人当たり３．３㎡以上 （多数人で共用しない客室を設ける場合には、総客室の延べ床面積の２分の１未満とすること）
玄関帳場等	玄関帳場その他宿泊しようとする者の確認を適切に行うための設備として、以下のいずれにも適合すること。 ① 事故の発生その他の緊急時に迅速な対応を可能とする設備を備える。 ② 宿泊者名簿の正確な記載、客室の鍵の適切な受け渡し及び宿泊者以外の出入り状況の確認ができる設備を備える。	玄関帳場等に係る構造設備基準はない。 （事故が発生した時、その他の緊急時における迅速な対応を可能とする体制をとることが維持管理基準として規定されている。）
浴室	入浴設備を有すること（近隣に公衆浴場がある等、入浴に支障がないと認められる場合を除く）。	
施設名称の掲示	営業施設には公衆の見やすい場所に施設の名称を掲げる。	
洗面所・便所	洗面所及び便所の手洗い設備には、清浄な湯水を十分に供給するとともに、石けん、ハンドソープ等を常に使用できるように備えること。	

旅館業許可までの手続き

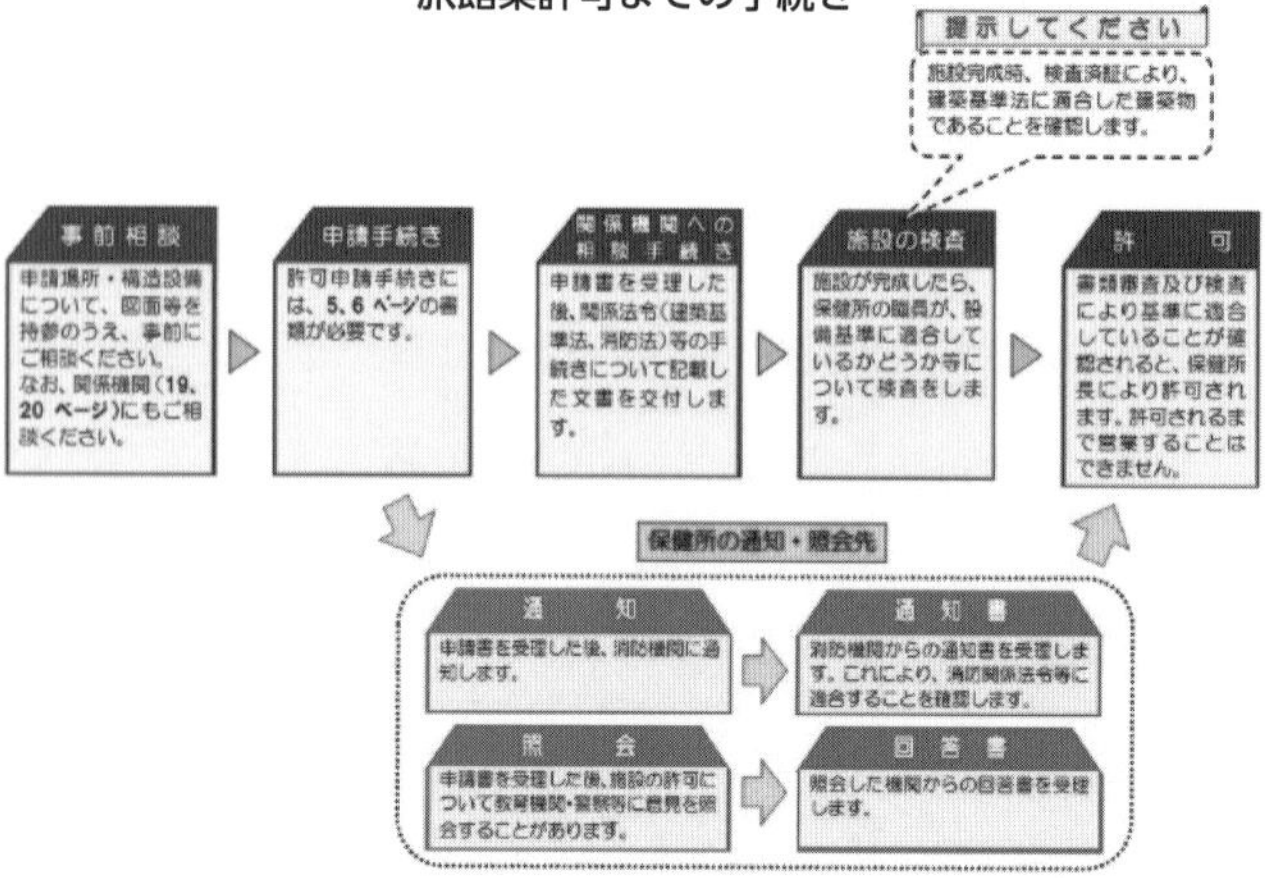

出典：旅館業のてびき（東京都 東京都多摩小平保健所）
https://www.fukushihoken.metro.tokyo.lg.jp/tamakodaira/kankyou/seikatunoeisei/hoteruryokankaniyado.files/R3tebiki.pdf

コロナ前に戻ったインバウンド需要

コロナ前はインバウンド需要が伸び続け、2019年には最高記録を出しましたが、新型コロナウイルス感染拡大の影響を受けて、皆さんもご存じのように旅行業界は壊滅的な状況に陥りました。

昨年の10月、日本のコロナ対策が緩和されたことにより、また外国人訪日客が徐々に増え始めました。

そして、今年の5月にコロナウイルス感染症が、第3類から第5類に移行されたことにより、これまで行われてきた緊急事態宣言などの行動制限や入院勧告・指示、それに感染者や濃厚接触者の外出自粛要請はなくなりました。

緩和された影響を受けて、日本国内の動きも活発になっています。

街を歩けば以前のように外国人訪日客を見かけるようになり、これまでコロナ禍で苦戦を強いられた旅行業界もようやく息を吹き返しています。

小規模旅館の強みはなんといっても需要です。前述した通り人口減少が進む日本において、世界をマーケットに経営できる点は非常に魅力的です。

すでにインバウンド事業は国策となっており、今後も多くのニーズが見込めます。

また、宿泊料は家賃と違って月々決まった金額ではなく、まるで為替のように変化があります。

泊まりたい人が多いのに、泊まれる部屋が少なければ料金は跳ね上がりますし、コロナのように人の動きがなくなれば価格はどんどん下がります。つまり、ハイリスクハイリターンなのです。

小規模旅館は私の提案する新築アパートを活用していますが、賃貸業ではなく宿泊事業となります。

ですからサラリーマン向けのアパート融資を使うことはできません。

くわえて、これからの新規開業について言えば、私が旅館アパートをお勧めしていたころとは様変わりしています。

まず都内の土地の高騰です。それ以外に円安やウクライナ情勢による原油高などにより、建築資材も高騰しています。

小規模とはいえ、都内好立地の旅館用地の取得にかなりコストがかかるため、誰もが簡単に取り組むことができません。

そのため、小規模旅館については一般的なサラリーマン向けではなく、事業家さんや地主さん向けの投資となります。

荒川区・文京区・台東区以外を狙おう

続いて、どのエリアで新築すべきか、エリア選定について解説します。

外国人訪日客に人気のある大阪は京都も近く、なによりＩＲ構想があります。

ＩＲとは、「Integrated Resort」の頭文字で、民間事業者がホテルやレストラン、ショッピングモール、エンターテイメント施設、国際会議場・展示場、カジノ等の施設を一体的につくった統合型リゾートです。

場所は大阪市此花区にある「夢洲（ゆめしま）」で、約３９０万平米の人工島の建設が予定されています。

このように期待値は高いのですが、大阪は開業がしやすい特区民泊が活発なエリアとなるため、とにかくライバルが多いです。

なお日本を代表する観光地、京都といえば独自に規制を設けており、小規模な事業者に対して非常に厳しい内容になっています。くわえて、どんな小規模民泊であっても宿泊税が1泊２００円徴収されます。

【京都市独自の民泊ルール案概要】

・住居専用地域は年間営業期間を1、2月の約60日間に限る。町家は例外で新法上限の180日間まで認める。
・分譲マンションでは、管理組合が民泊を禁止していないことを示す書類の提出を求める。
・苦情対応などで管理者らが10分以内に客室へ駆け着けることができるよう半径800メートル以内の駐在を求める。
・営業の届け出時には、直近3カ月間、無許可営業を行っていないことを示す誓約書を提出させる。
・町家の一棟貸しなど旅館業法の許可を得た民泊にも同じルールを適用する。

東京では普通の家がジュニアスイートに！

対して、東京23区で規制が厳しいのは、荒川区・文京区・台東区です。都内で旅館をするのであれば、この3区を外して土地を探しましょう。

ただし、前述したように都内の土地は高騰しているため、サラリーマン投資家が土地を買って新築するのは現実的ではありません。

あくまで事業家さん、ある程度の不動産投資家さん、または相続向けの内容です。

ねらい目としては、高い東京の土地を買える人は限られているため、そこを超えてしまえばライバルが少ないです。

つまり、参入障壁が高いからこそ高収益が得られます。

私が現在提案している40平米から60平米程度で高級感のある部屋は1~2ベッドルームにダイニングテーブルやコタツなど、団らんのできるスペースが付きます。都内のホテルでそれだけの広さがあればジュニアスイートです。

いってみれば普通の家がジュニアスイートの広さと評価され、宿泊費用も高く設定できるのです。

例えば1部屋が1泊4万円だとしたら稼働率が6割でも72万円。これが上下2

部屋なら、月144万円の売上になります。最近では稼働率が9割を超えていますので、1部屋月108万円、2部屋で月216万円の売上が見込めます。

渋谷エリア、最寄り駅から徒歩4分の人気旅館

さて、ここからは事例を紹介いたします。

渋谷にほど近い、池尻大橋駅から徒歩4分のアパートは2018年に建築され、2階建て25平米のワンルームが2部屋と、51平米の全3部屋あります。

ワンルームが最大人数2名まで宿泊可能で、51平米のほうがベッドルームも2つあり、それぞれ布団を置くことができます。

池尻大橋駅は渋谷駅まで電車で3分、都心に近くて便利です。駅の周りは商店街やレストランやスーパーマーケット、ドラッグストア、おしゃれなカフェと何でもありますが、お部屋の周りは落ち着いていてとても過ごしやすいです。

小上りがある小規模旅館

部屋の特徴といえば、畳敷きの小上がりがあることです。

小上がりとは飲食店などでよく見られるもので、ダイニングテーブルなどが置いてあるフロアよりも一段高い場所に設けられた座敷のことです。

一般住宅の場合には、リビングなどのフローリングの床よりも一段高い場所に設けた和室のことを言います。

キッチン設備として、ＩＨコンロ・冷蔵庫・電子レンジ・電気ケトル・フライパン・鍋・フライ返し・お玉・まな板・ペティナイフ・ボウル・ザル・泡だて器・トング・ピーラー・食器など。

アメニティはシャンプー・ボディーソープ・ハンドソープ・使い捨てスリッパ・ヘアドライヤー・バスタオルとフェイスタオル。

キッズ用アメニティとして、4歳までのお子様連れのゲストに、ベビーソープ・子ども用食器・ガーゼおくるみ・防水マット・食事用シリコンスタイ・踏み

A

台・ハイチェアをご用意しています。

また洗濯機が備え付けられ、洗濯洗剤も置いてあります。

オーナーの岡本さん（仮）は50代の会社経営者で、いくつかの新築アパートを提案したところ、これからのニーズに合わせた戦略として小規模旅館をお選びいただきました。

さすがにコロナ禍では客足が途絶えたものの、2022年の年末から高稼働が続いています。

テッパン人気の浅草は常に高稼働

続いての事例は、外国人訪日客から絶大な人気を集めている東京の浅草から近い物件です。

東京スカイツリーのお膝元、押上駅より徒歩10分の立地にあります。

押上駅は浅草駅まで3分、東京駅まで20分です。成田空港や羽田空港から直通電車が通っており、移動にも便利です。駅の周りはコンビニ、スーパーマーケット、ドラッグストアと何でもありますが、お部屋の周りは落ち着いており過ごしやすいです。

お部屋の広さは4名が宿泊できる50平米と、6名が宿泊できる37平米1LDKの上下二世帯の小規模旅館です。

こちらの部屋も和室の小上がりが特徴で、「畳に布団を敷いて寝てみたい！」という外国人観光客のニーズに応えています。

オーナーの都筑さん（仮名）は50代後半で、外資系金融機関にお勤めのサラリーマンです。

もともとは節税対策のため不動産投資をはじめられていますが、今後は相続を見据えた不動産投資を行いたいというご希望があり、たまたま押上に土地が見つかったことから小規模旅館を企画されました。

浅草の小規模旅館

【新築のプロ＆二人の建築・設計のプロ対談】

初心者は知っておきたい！
新築アパート投資を成功させる
「建築」「設計」のアイデアと知識

〔後編〕
詐欺・欠陥・・・オーナーが
被害に遭わないための自衛手段とは？

●欠陥住宅を避ける方法

川影　某アパートメーカーのように図面通りに仕上がっていない物件が売られていますが、そんな物を買わないように防ぐにはどうすればいいですか？　見に行くしかない？

古仲　目で見て明らかに違うようなものはないですよ。

川影　素人だと途中の段階では分からないかもしれませんね。後で見て「あれ？」と目を疑うようなことは？

白岩　そもそも図面から完成イメージなんてわからないですよ。

川影　たしかにそうですね。私が過去に広告用の図面を書いていたときによくやらされていたのは、6畳間にベッドと家具を置くのですが、それこそ家具を小さめに描くんです。少しでも部屋を広く見せようとして。

古仲　それとは別に家具が描いていない広めの間取りもあります。これにテレビやソファーを置いてみると、奥の部屋に入られないなど、いろいろ不都合なことが想像できます。描いていないことには理由があると思って、購入を検討することが必要ですね。

川影　実際に住んだ時のイメージができるか。引き戸だったり開き戸だったり、その方向も大切です。

白岩　それを防ぐのは何かといったら、設計士と建築会社を切り離して考えなさいということ。そうすればこんなトラブルも起きません。設計士は施主の味方になってくれるわけですよ。日本人はそこをケチるけれど、設計士は味方なんだから設計費を払って雇えばこんな問題も起こらないでしょうね。

川影　これはアパートだけに限らず、一般住宅も含めて設計士を雇うなんて、特別なことのように感じる人が多いかもしれません。

古仲　そうですよね。でもメーカーの設計部は施主の味方にはなりません。彼らはサラリーマンですから。設計費を払って第三者の設計士を味方につければ、変な建築は100%防げます。ただ、設計者も自分好みの建物をつくりたがるので、そこは注意が必要です。

川影　でも一般の人はどこの設計士がいいかも分からないし、日本の家はハウスメーカーが一番多いから。大手メーカーのほうが信頼できると信じています。

●柔軟でオーナーの意見を聞いてくれる人

白岩　オーナー側から言わせてもらえば設計士にもいろんなタイプがいて、「先生」と奉られているようなタイプだと美術館みたいなのをつくられてしまう。やはり柔軟でこちらの意見を聞いてくれないと。

川影　でもなかなか設計士の知り合いはいません。どうやって探せばいいですか？

古仲　雑誌やネットで紹介されているのは特別に力を入れている建物ばかりだから、やはり知り合いに聞くのがベストでしょう。

白岩　今は何でもネットで調べられる時代ですが、あまりに情報過多でどうしていいのか分からないのではありませんか？　そういったことはＳＮＳなどでうまくアピールしている人もいっぱいいると思うけれど、それだって信用できないではないですか？　自分に都合のいいことだけ言っているだけの人かもしれないし、見せ方がうまいだけの人もいると思います。

川影　お友達の家がステキだから「どこで建てたの？」って聞くくらいしかできませんよ。もう口コミが一番ですよね。インターネットは当てにならない？

古仲　ステマもありますからね。

●建築会社・工務店「倒産」の兆候

川影　その他にも避けたいことといえば、建築会社の倒産があります。

白岩　はい。飛ばれたら終わりだから新築はそこが怖いですよ。大手であれば、ある程度の身銭を切って補填をしても耐えきれる体力があります。これがもしも小さな工務店なら建築中に倒産することもありますから。

古仲　おそらく小さな工務店なら裁判中に自分で会社を潰すでしょうね。裁判に勝ったとしても相手に支払い能力がなければ、どうにもならない。人手もお金もなければ建て直すこともできません。

白岩　そもそもない袖は振れないから責任を負えないですよ。

川影　それを防ぐためにはどうしたらいいでしょうか？

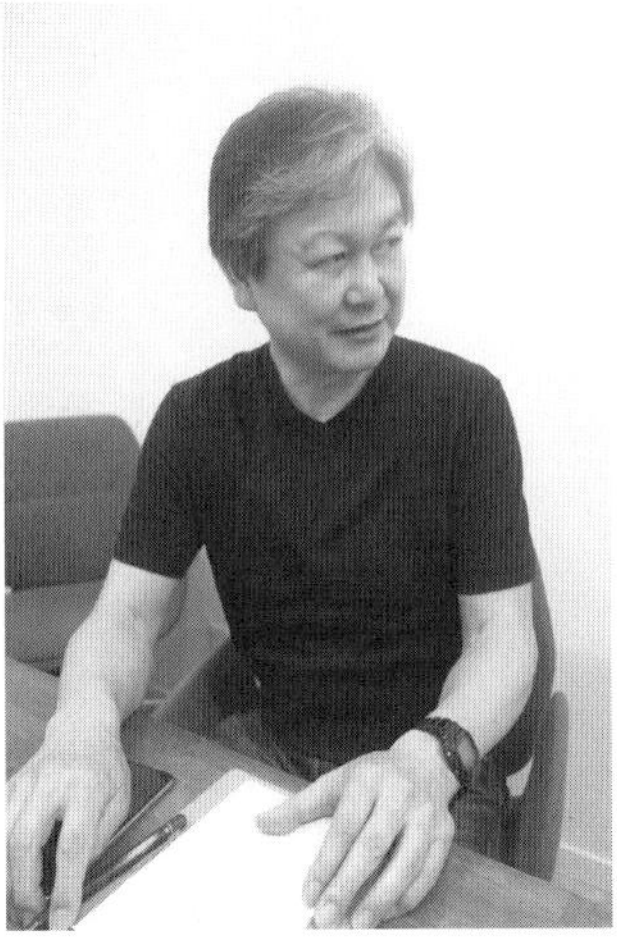

白岩　倒産を自衛するのはなかなか難しいことです。経営状態がいいのか悪いかは外からわかりにくいので。

ただ一つ言えるのは相場より安く請け負う会社は「安くてもいいから仕事を取りたい会社」であるということ。

安く請けすぎて利益が残らず自滅する会社もあります。安いからといって喜ぶのではなく、しっかり資金繰りができているのか疑ったほうがいいです。

バカ高い必要はないけれど、適正な金額は払うべきです。それも初心者からすると難しいように思えますが、複数の見積りを取って異様に低い会社はやめておいたほうがいいでしょう。

川影　人目を引く立派なホームページがあったり、Twitterで良いことをつぶや

いていたりしますが、やはり現場をちゃんと見せられるところが一番ですね。

白岩　そのとおり！　まず自分の足で工務店に行ってみてください。電話やメールだけではわからないことがたくさんあります。

基本的なことですが、道具が散らかっているような汚いところは例外なく現場もちゃんとできていません。事務所が整理整頓されてる工務店は現場もちゃんとしているものですよ。その工務店が一番古く建てた物件と、最近の物件を見比べれば実力がわかります。

だから私はいつも工務店に頼むとき「あなたの会社が建てた一番古い物件を見せてください」とお願いしています。事務所も現場もキレイに整理されていると見積もりを出すのも早い。それに比べてだらしない工務店は何もかもが遅い。

川影　なるほど。確かに見積もりを出すスピードに差が出ますね。

白岩　大工さんは1に掃除、2に掃除です。本当に鍛えられている大工さんの現場はキレイに掃除している。彼らは丁稚奉公のとき、徹底的に掃除させられるんですね。建物をキレイに仕上げるには、現場がキレイでなければいけないから。

●失敗しないためには

川影　どうして失敗するのでしょうね?

古仲　結局は勉強するのが面倒くさいからではないですか。

白岩　それならプロに聞けばいい。そのプロを探すのさえ面倒なのかな?

古仲　情報はなんでもネットで手軽に得られる時代ですからね。でも、それが本当なのかどうか、それを調べもせずに信じ込んでいるのかもしれません。

白岩　「やっぱり大手メーカーが安心！」という人は、大企業の社名しか見ていません。その施工がちゃんとされているのか？　そのやり方なら結果はどうなるのか？　例えばこの建物でそれを取り入れたら、本当はよくないことがあるかも知れないのに。

古仲　そうですね。でも、やはり一般の人に比べると不動産投資家は、そういうところに細かい人が多い気がします。賃貸ならそこまで細かく注文する人はいませんが、賃貸併用の自宅部分になると俄然こだわりが出てくるものですね。

白岩　それはマイホームだからしょうがないです。でも私のコンサルした物件を実際に見ると、みんな驚いてくれます。

川影　みなさん全体を見ずに、自分の興味があるところ、心配するところだけに注力してしまうので、もっと広く知ったほうがいい。

白岩　そのために私のようなコンサルタントがいます。

川影　一口にコンサルといってもいろいろな人がいます。有名な人だけでなく、コンサルと称している人たちのセミナーへ、何カ所か足を運ぶのもいいかもしれないですね。

白岩　そういうことです。でもいきなりアパートメーカーのセミナーはやめたほうがいいです。

川影　ワンルーム投資セミナーもそうですね。いずれにしても不動産業者主宰のセミナーは、お客さんに物件を買ってもらう内容ですから。しっかりとした知識のある講師が教えてくれるケースがすごく少ないです。

白岩　それなら、コンサルと一級建築士で新築セミナーをやるといいんですよ。

YouTubeでしたり顔で教えている先生みたいな人で本当に建築知識があるのか？ 自分が大家さんをやってもいないのに、評論家面をしてただ話しているだけの人もいます。やはり大家さんであることも1つのキーワードです。

川影　自分がプレイヤーであるのかどうか。欠陥があって困ったとか、入居者から「水が出て困っています！」というクレームの電話を取ったことがあるのか。

白岩　経験値ですよね。現場の困った話だって誰かから聞くのと、自分が実際にクレームを受けるのとでは説得力が全く違うわけで、その辺を分かっている人の話を聞くべきです。

まとめとしては「新築はスタートしてから30年、40年と長く付き合う長距離マラソンになるのだから、しっかり焦らずやりましょう」ということですね。

【終】

第8章

相続税対策での新築商業ビル

相続税対策では無知が罪になる

不動産投資の手法に「これだけが正しい」というものがないように、相続においても正解は人によって変わります。

相続税対策としての不動産投資を紹介する本章の事例も、誰にでも当てはまる内容ではありませんが「このようなやり方もある」という視点でご覧ください。

まずは、少し相続税の基礎知識について解説します。

相続税というのは、亡くなられた親などから、お金や土地などの財産を受け継いだ（相続した）場合に、その受け取った財産にかかります。

相続税は、財産を相続した場合に必ずかかるわけではなく、相続した財産の額から、債務や葬式費用を差し引くなどした後の額が、基礎控除額を上回るときに

相続人の範囲と順位

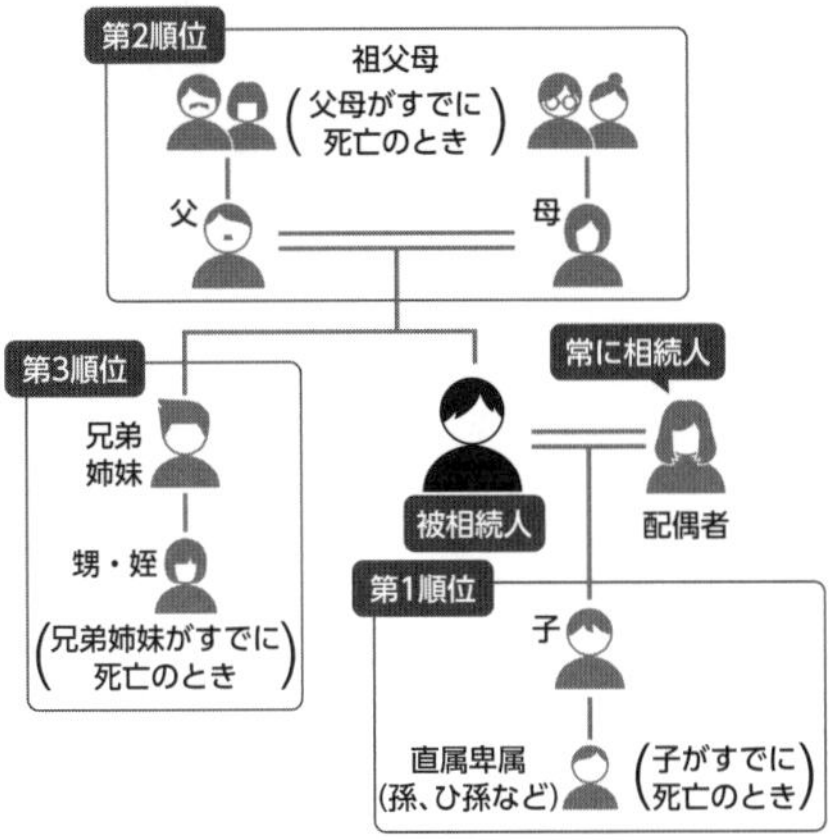

かかります。

基礎控除額の算出は次の計算式を利用します。

基礎控除＝3000万円＋(600万円×法定相続人の数)

基礎控除の計算では、上の図のように法定相続人の数が大きく影響します。

また相続では遺産総額の多い少ないに限らず、遺産の種類や相続人の関係性によってもめる可能性があります。

遺産の種類でいえば、不動産の割合が多くて納税する現金がないケースと、逆に現金が多くて相続税が多額にかかってしまうなど、さまざまな問題が発生します。特に相続税対策では、知らないことで不利益をこうむる可能性が高いです。

専門家は机上の話が得意です。相続に強く相続税対策としてアパート経営を勧める税理士であっても、実際に自身がアパート経営をしていなければ、大家目線を持つのは難しいです。

税金を安く抑えることは考えられても、賃貸経営を成功させるまでは考えが及ばない現実を知っておいてください。

地方の土地は売り、都内の好立地に買い替えよう

先祖代々の土地が引き継がれている地方の地主さんにも考えていただきたいの

は、「その土地に将来性はあるのか？」ということです。

ハウスメーカーは、お持ちの土地に見合った大規模なアパートを何棟も提案してくることがあります。

キレイに作られたシミュレーションには、何十年も下がらない家賃が書かれていることをご存じでしょうか。

第1章でも述べましたが、「一棟借上げして家賃を保証します！　空室の心配はありません！」と豪語したところで、数年後に家賃の見直しがあり、シミュレーションどおりにいかない現実を思い知らされることでしょう。

あなたの土地に強い賃貸ニーズがあり、それが何十年も続く、そう確信できるのならいいですが、そうでないのなら速やかに地方の土地を売り、都内の土地を買ってアパートを新築したほうが得策です。

地方に何百坪という土地を持つ地主さんであれば、地方の土地は売り、例えば自由が丘などの一等地で40坪を買うべきです。これで将来の換金性が大きく変わってきます。

路線価と実勢価格の乖離（かいり）をうまく利用する

将来的に下がらない価値がありつつ、相続税の評価が圧縮できる物件にするのがポイントです。

路線価と実勢価格には乖離があります。都会の一等地は路線価の遥か上をいっていることがほとんどです。

都会では路線価よりも遥かに高い値段で土地が取引されているので、例えば23区で売買する際に路線価の話題はまず出ません。都会で出るのは時価だけです。

逆に、地方では実勢価格が路線価よりも遥かに下でしょう。

その状況で相続が発生したら、一体どんなことが起こるのか考えるべきです。

地方の場合は、実勢価格が路線価より安い場合があり、実際の価値より高く評価されてしまうから損をし、さらに収益性も伸びないことが往々にして起こります。先祖代々の土地を継ぐことで、相続税という大きな出費が発生してしまうのです。

しっかりと納税資金を用意できる人であればいいでしょうが、資産のメインが不動産である地主さんに多いのは、土地があっても現金がないというケースです。いざというときに、田舎の土地が売るに売れず困り果てる地主さんも多いです。

これが都会の場合だと、不動産が一つしかないのに相続が発生して、相続税を払うために唯一の不動産を手放さざるを得ないケースもあります。

そうならないためにも準備をしっかりしておきましょう。

相続税路線価は国が定めているものですから、この乖離を堂々と利用するのです。歪みを有利に作用させているだけの話ですが、路線価が高いか安いかで相続税が決まってしまうことは意外に知られていません。

相続税路線価という基準に対し、実勢価格が高いのが東京で、低いのが地方であることをしっかり覚えておいてください。

相続税対策は「なるはや」が基本

2022年の春、相続税に関する裁判で、最高裁の出した判決がニュースになりました。

それは、節税目的で収益不動産を購入したことに対して、過度な相続税対策であると指摘、相続税が0円なのか否かを決定する裁判で、「認めない」という判決でした。

結局、敗訴した相続人は相続税2億8000万円に加えて、過少申告加算税

4300万円もの支払いを命じられたのです。

このケースでは、相続人は2012年に2棟のマンションを相続して、相続税額を0円として申告しました。

内訳はマンション2棟を合わせた相続税評価額が3億3370万円ですが、マンション購入のための借入金による債務控除や基礎控除を勘案した結果、0円と申告したのです。しかし、これは相続税評価額ではなく、不動産鑑定評価額が適正であると国税当局が更正処分をしたのです。

それに対して、相続人は不服を申し立て訴訟をしたのですが、「過度な相続税対策」という結論となったのです。

このケースでは、相続税路線価と不動産鑑定評価との乖離が4倍ほどあったことと、被相続人がマンション購入したのは相続発生の3年前だったことがポイントとなりました。また、相続開始後1年以内にマンション1棟を売却。さらに銀行稟議書に「相続税対策のためローンを実行し不動産を購入」と明記されていいたのが、「相続税を意図的に圧縮することが目的」と見なされたようです。

つまり、「あからさまに相続税を圧縮するための行為はいけない」ということです。

亡くなる直前に借金をして不動産を買う、亡くなってすぐに売却して換金するというのはいけませんが、質の良いアパートを末永く持ち、後に家族へ継がせる考えであれば問題ありません。

将来の重荷にならぬよう換金性のよい物件を持つのが理想ですが、継いだ側も亡くなってすぐに売却するのではなく、タイミングをみて行うのがいいでしょう。

都心の50坪を売却するのは、地方の500坪の売却に比べて容易ですから焦ることはありません。

東京の好立地はそもそも売りものが少なく、買えること自体がラッキーです。買主さんから感謝してもらえることもよくあります。

東京の都市部、そして郊外や地方が、20年後や30年後にどうなっているかを想像して比較すればいいのです。首都圏以外は今も人口が減り続けています。相続において大事なのは、「とにかく税金を安くしよう」という考え方ではありません。

税金のコントロールをしながら、長らく賃貸経営をすることが前提となりますから、銀行や税理士の言いなりになって闇雲に借金をするのは反対です。なるべく早めに準備をして価値のあるものに変えて、しっかりと経営をするのが一番だと思います。

忘れてはいけない無償返還の届出

相続税対策のアパートを持ったからといって、それでお終いではありません。評価を圧縮して相続のための準備はできても、長生きをしてアパート経営が順調に進めば、家賃がどんどん入ってきて利益が増え過ぎてしまうのです。嬉しいことではありますが、これでは節税対策になりません。

そこで、アパートからの家賃収入は子どもに入るよう、建物は子どもの名義にする方法もあります（詳しくは次項で解説します）。

利益は子どもがもらい、おじいちゃん・おばあちゃんには、お金が入らないようにするのがコツです。

税理士で知らない人もいるようですが、「無償返還の届出」を返すのを忘れないようにしてください。

無償返還の届出というのは、法人と個人もしくは法人同士の土地の賃貸借契約において、権利金の認定課税を避けることが可能になる手続きです。

提出先は土地所有者（貸主）の納税地を管轄する税務署で、出期限は具体的に決められていません。しかし実際には、賃貸借契約を締結した法人の確定申告書の提出期限までとするのが望ましいとされています。

提出書類は「土地の無償返還に関する届出書」を貸主と借主の連名で出し、あわせて「賃貸借契約書」「土地の評価額明細」（各2部ずつ）も提出します。また契約をする貸主・借主も、控えを持っておきます。

この届出をするだけで、土地代が6割くらいの評価になり安く済みます。届出をするかどうかで、人によっては数千万円単位で変わってくるでしょう。

効果が大きいのは超一等地

続いて、原宿と自由が丘で行った相続対策事例をご紹介したいと思います。

もともと、すでに事業で成功されている資産家の佐々木さん（仮名）から「相続税対策はどうするのがよいか？」と相談を受けたのが始まりです。

いろいろと検討した結果、「無償返還の届出を超一等地でやろう」ということになり、土地はお父さんの個人名義で購入しました。建物はすべて娘さんの不動産管理法人の名義です。土地が親建物は子どもが所有する場合は、一般的に土地は使用貸借となり、更地評価になります。

これが土地が親、建物は資産管理会社（子どもが100％株主）が所有し、無償返還の届出を提出している場合、土地の評価は借地権割合が20％の貸し地（底地部分）の評価になります。つまり2割引です。

ただし、建物は資産管理会社なので直接的に親の相続税の節税には寄与しません。土地を親から借りるので、利益は娘さんに直接入ります。娘さんはしっかりと税金を払いながらも納税資金が貯まるのです。

こうして発生した利益は娘さんがキープして納税資金にできますし、親としても相続税評価が2割下がるメリットがあります。

他にも貸家建付地とすることで評価を下げる手法があります。

土地・建物を親が所有する場合、建物が貸家で賃借人がいる場合、その建物だけでなく、建物が建っている土地の評価額も下がります。

仕組みを図にすると次ページのようになります。わかりやすいようにアパートではなく一戸建ての貸家で説明します。

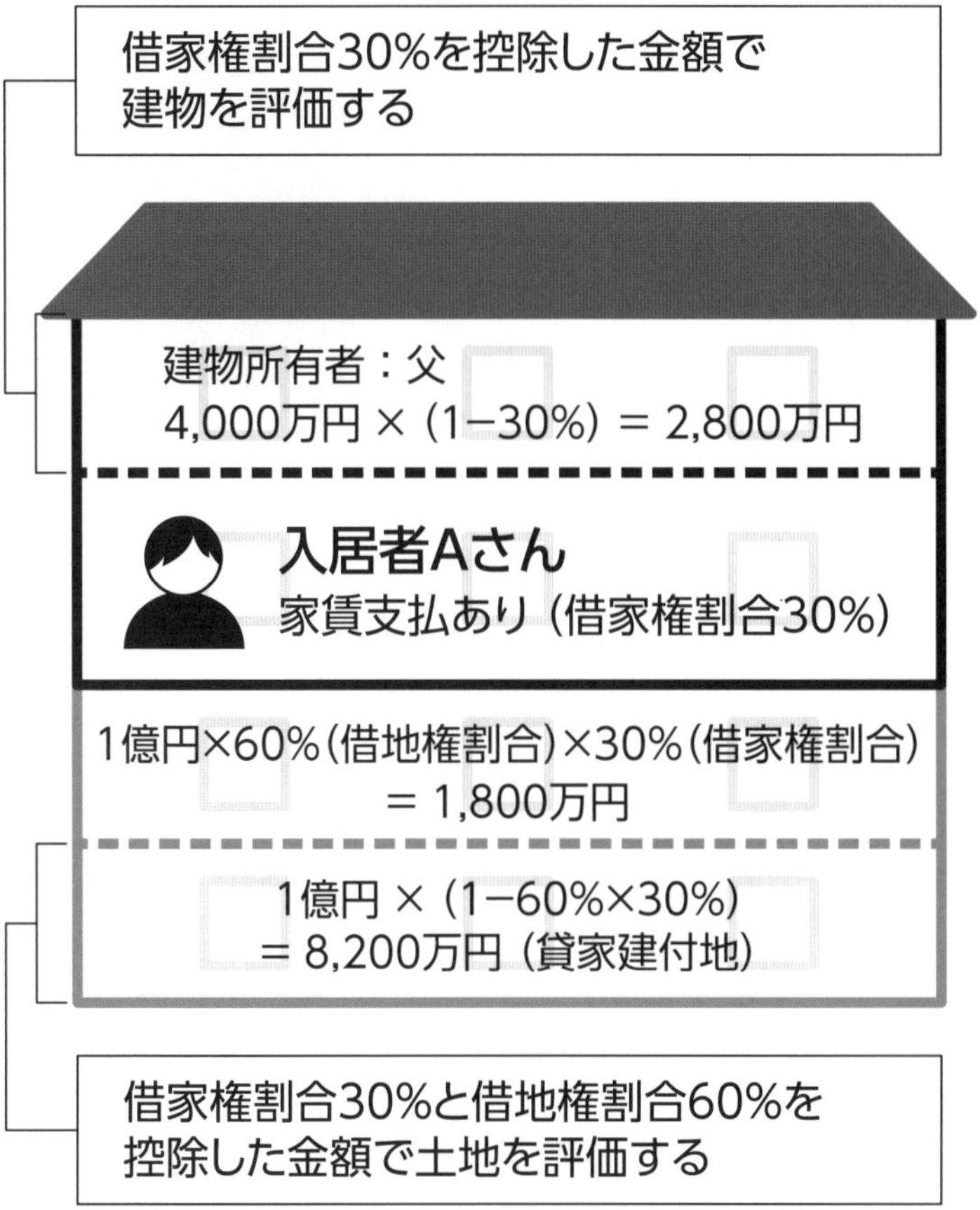
借家権割合30%を控除した金額で
建物を評価する
建物所有者：父
4,000万円 × (1−30%) ＝ 2,800万円
入居者Aさん
家賃支払あり（借家権割合30%）
1億円×60%(借地権割合)×30%(借家権割合)
＝ 1,800万円
1億円 × (1−60%×30%)
＝ 8,200万円（貸家建付地）
借家権割合30%と借地権割合60%を
控除した金額で土地を評価する

・土地・・・1億円
・建物・・・4000万円
・借主・・・入居者Aさん
・構造・・・木造一戸建て
・借地権割合・・・60％

この場合で相続が開始した場合は、次のように計算します。

【土地】1億円×（1－60×30％）＝8200万円
【建物】4000万円×（1－30％）＝2800万円

本来であれば土地は1億円で建物は4000万円、相続税評価額は1億4000万円となります。しかし他人に建物を貸していると、土地も建物の評価額が下がり8200万となりました。

原宿駅から徒歩4分、5億円の商業ビル事例

さて、佐々木さんの事例の続きです。

せっかくの相続税対策なので、「土地の資産価値があり評価の圧縮効果が高いところを」となり、原宿駅から徒歩4分、つまり東京都渋谷区にしました。

なぜ原宿にしたのかといえば、私が勧めたからです。

もともと資産をお持ちなのでメガバンクや信託銀行から、節税対策向けに収益不動産のプランが持ちかけられることも多々あったのですが、どれも脈絡がないエリアばかりでした。

実際に見せてもらいましたが、千代田区一番町の住宅用地や川崎のマンション用地、渋谷区神泉の住宅用地など、決して悪い立地ではないのですが、どうして

この土地を選定しているのか、その根拠がわからず、どんな全体像を描いての提案なのかも見えません。

「ただ、抱えている物件が売れればいい。手数料が欲しいだけ」という魂胆が透けて見えるような物件ばかりでした。

たしかに千代田区一番町といえば豪邸街で、土地も高く坪1200万円もします。しかし一番町は昭和に栄えた街で、今の若い方は知らないでしょう。

高級住宅街であればアパート経営ではなく、豪邸を建てたいという実需のほうが向いているように思えます。

そういった背景もあり、せっかくならば誰もが知る競争力のある土地、持っていて損をしない土地として、若者から絶大な人気の原宿はどうかと提案してみたのです。

本来であれば、なかなか売り物が出ない場所ですが、実際に探したら出てきました。こうして原宿の土地47坪を購入することができたのです。

原宿の土地価格5億7000万円の商業ビル

更地でしたが、コンサルタントの立場で価格を交渉したところ、コロナ禍という状況もあり3000万円も値切れ、5億7000万円で落ち着けたのもよかったです。高いようにも感じられますが、実際この価格ではなかなかありませんので、とても運が良かったと思います。

近隣へ挨拶まわりに行ったところ、「この場所は、本当に出ないんだよ」と声をそろえて言われました。原宿では売りものが出ること自体、奇跡的なのでしょう。特に駅から4分という好立地の物件は滅多にありません。

超一等地は、コロナ禍・商業地でも客付けに苦労なし

ところが、テナント付けのためのリサーチを行ったところ問題が発覚しました。

当時コロナ禍の真っ最中という事情もありますが、ワンフロアにすると賃料が100万円以上になるのです。

そうなると簡単にテナントの入居付けができるとは思えません。一等地物件ならではの家賃の高さを実感しました。

そこで私は、小ぶりの9つに分割しました。小ぶりにすると32・13平米となり、家賃も34万円程度です。フリーランスや個人商店が入れるようになります。

コロナ禍の初期段階では、小さく区切って細かく客付けをして、市況によってワンフロア貸しをするイメージで、壁を抜いて広いスペースにもできるようにしました。

すると、まだ完成していないにも関わらず、すでに問い合わせが来ています。

坪単価は決して低い設定ではありませんが一部屋ごとの価格が安いので、魅力のある物件になっているのだと推測します。

隣接する土地2つが奇しくも同時に売りに出た自由が丘の貸家建付地事例

同時期に進めていた目黒区自由が丘の物件は、都内でよく見かけるタイプの位置指定道路で6戸の分譲住宅で、手前の約25坪の古家が売りに出されていました。駅から徒歩4分で最強の立地ですが、北側斜線など建築の規制があり、アパートを建てても3世帯が入るかどうか・・・とプランニングが難航していました。

ところが、偶然にも隣接する奥の古家も売りに出されたのです。まず一方の家が売りに出されました。プランを考えたところ狭いと感じたのですが、そうしている間に、すぐにもう一方も売りに出たのです。売主さんは別の方ですが、たまたま同時期に売りに出たので、まさに奇跡的な偶然です。

おかげで1区画だと戸数が作れず相続税対策として収支が合わなかったところ、

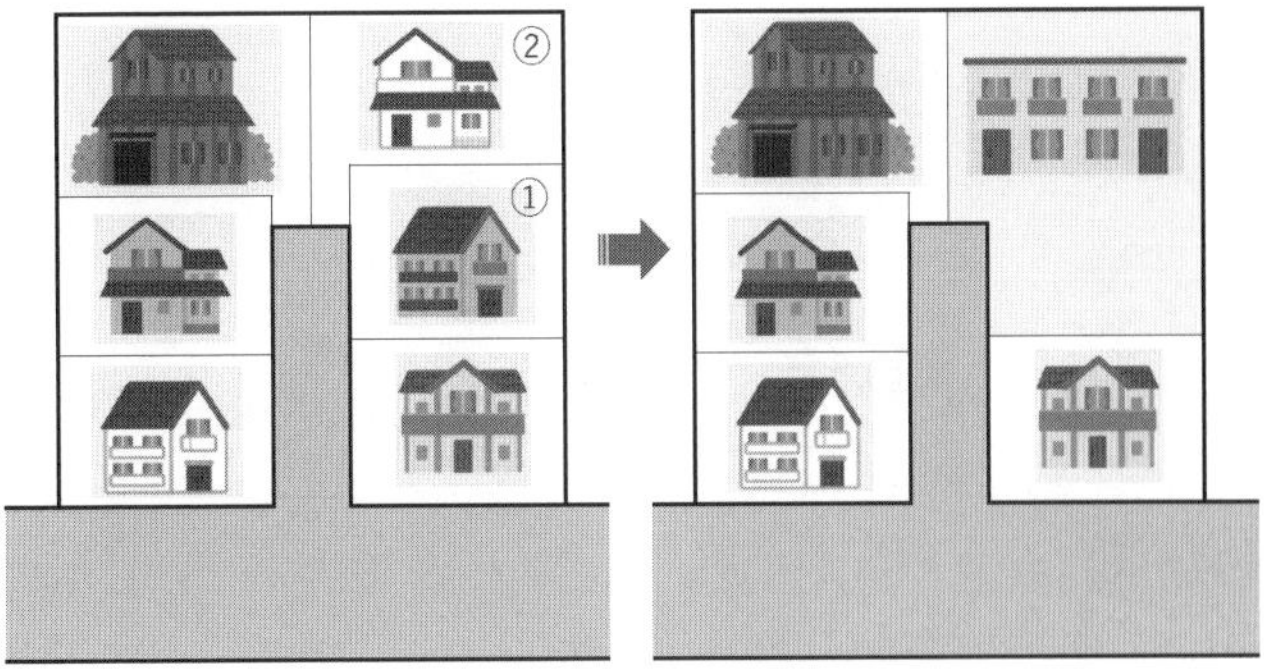

①と②が売りでたためアパートを建てることができる

別々の売主から偶然にも同じタイミングで売り土地が出たところから、2区画を合わせて総額2億円弱を現金で購入。

更地にして26・39平米+ロフト13・05平米の8世帯の吹き抜けアパートをプランニングすることができました。家賃は約14万円です。

ここまでの好立地は滅多に出ることがなく、本当にラッキーなケースだと思います。

好立地ゆえ普通は買付が殺到するものですが、現金購入のためスムーズに進めることができました。

自由が丘の吹き抜けアパート（貸家建付地プラン）

おわりに

私が一棟目の新築アパートを建ててから20年が経ちました。

あれから今日までの間、アメリカ発のリーマンショック、東北の東日本大震災に、最近では新型コロナウイルスによるパンデミックなど、日本の経済に大きなダメージを与える出来事が数多く起こりました。


この間には日銀前総裁、黒田氏の異次元緩和による融資の拡大から、不正融資事件による引き締めなど融資の状況も大きく変化しています。

あわせて日本の少子高齢化はどんどん進んでいます。その結果、全国的な家賃の下落や空室率の増加に繋がりました。

つまり、これからの不動産投資は従来の手法だけでは勝ち組になれないということです。

そのためには、今ある資産を組み換えてでも入居者を引き寄せられる物件を持ち、確実に賃料を取れる仕組みを築かなくてはならないのです。

これは私の口癖ですが、「不動産投資はマラソン」です。

私は一貫して目先の収入だけを優先する不動産投資のやり方について、警鐘を鳴らし続けてきました。

市況も入居者のニーズもめまぐるしく変化します。

今は空室だらけの三点ユニットの狭小アパートも建てた当初は満室でした。新築プレミアムで最初の入居者からは高い家賃をもらえても、数年後に空室で悩まされるようでは勝ち残ることはできません。

長期的な視点で、市場の動きに対応できる物件を持たなければ、将来的に行き詰るのは明白といえます。

私が企画するアパートは「大家の、大家による、大家のためのアパート」です。「大家のための」とはいっていますが、大家だけが得をするわけではなく「お客様である入居者のメリットを追求すれば大家さんに還元される」考え方です。繰り返しますが、不動産投資は持久力が勝負です。誰もが億万長者を目指しているわけではないでしょう。

安定したゆとりのある暮らしを手に入れるために焦る必要はありません。100メートル走のスピードで走り抜けて、途中退場するような失敗を侵さないようにしてください。

なお、本書では私がコンサルティングさせていただいた大家さんのアパートを成功事例としてたくさん紹介しました。取材へのご協力ありがとうございました。

最後に読者の皆さんにも、謝辞を述べさせてください。

本書をお読みいただきまして、誠にありがとうございます。皆さんの新築不動産投資の成功を心よりお祈りいたします。

2023年8月　吉日

白岩 貢

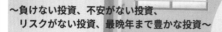

著者略歴

白岩 貢（しらいわ みつぐ）

1959年、世田谷で工務店経営者の次男として生まれる。

世田谷にて珈琲専門店を経営していたが、株式投資の信用取引に手を出してバブル崩壊と共に人生も崩壊。夜逃げ、離婚、自己破産を経てタクシー運転手になり、20年前に父の相続を受けて本格的にアパート経営に乗り出す。

60室所有の大家でありながら本業の傍ら不動産投資コンサルタントとして、その時代に合ったアパートづくりを東京の目黒区・世田谷区を中心に、累計400棟サポートしている。

著作に『アパート投資の王道』（ダイヤモンド社）、『親の家で金持ちになる方法』（アスペクト）、『全国各地・サラリーマンでもできる“身の丈”新築アパート投資』『「金持ち」相続・貧乏相続」（共にごま書房新社）ほか、計20作執筆。

●白岩貢事務所　http://shiraiwamitsugu.com/

初心者は知っておきたい！

“6つ”の新築アパート投資術

著　者	白岩 貢
発行者	池田 雅行
発行所	株式会社 ごま書房新社 〒167-0051 東京都杉並区荻窪4-32-3 AKオギクボビル201 TEL 03-6910-0481（代） FAX 03-6910-0482
企画・制作	大熊 賢太郎（夢パブリッシング）
カバーデザイン	堀川 もと恵（@magimo創作所）
DTP	海谷 千加子
編集協力	布施 ゆき
印刷・製本	精文堂印刷株式会社

ISBN978-4-341-08843-9 C0034

ごま書房新社の本

「金持ち」相続・貧乏相続
「家賃収入×ブランド土地」による究極の節税対策！

兼業大家 **白岩 貢**／著　　税理士 **浅野 和治**／監修

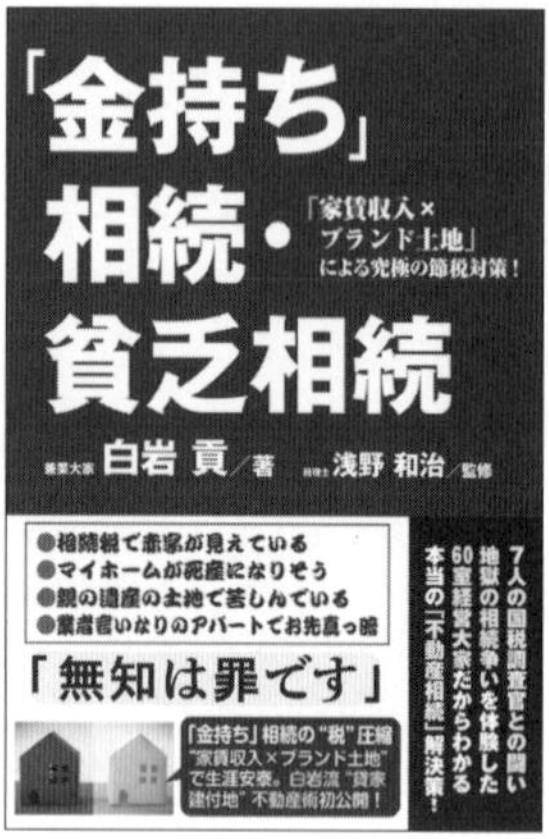

【類書にない「実践的な相続・節税」対策！】

●相続税で赤字が見えている　●マイホームが死産になりそう
●親の遺産の土地で苦しんでいる　●業者言いなりのアパートでお先真っ暗

こんな「貧乏相続」の悩みが日々私のもとに届きます。

「金持ち相続」というのは、一族の資産やお金をしっかりと次世代に引き継ぐことができる相続です。生前に計画的に資産を子どもに受け渡して相続税評価を減らしながら利益を生み出します。

具体的には親の資産を入れるだけで土地を購入して、法人名義でアパートを建てることで家賃収入を得られ納税資金の準備ができます。そして、相続が終わった後に資産がしっかりと残ります。売却をしたいと思えば、価値を維持しながら売ることができるのも特徴です。もちろん、売却せず子どもが継いでもいいのです。次の子どもの代になったときに負債ではなくて資産になるアパートを建てる・・・これが肝です。

定価1760円（税込）　四六判　208頁　ISBN978-4-341-08789-0　C0034